マル秘・実録

税務署との交渉術

50棟500戸オーナーの税理士大家さんが伝授！

税理士・行政書士・宅地建物取引士・
不動産投資コンサルタント

鳥山昌則

現代書林

はじめに

読者の皆様、こんにちは。〈闘う税理士〉〈税理士大家〉の鳥山昌則です。銀座と池袋、埼玉県志木市の自社ビルで、会計事務所と不動産業の関連会社を経営しています。税理士試験に合格してから35年、税理士登録をしてから30年。お客様との出会いを通して、様々な「泣き笑いのドラマ」がありました……。

平成28年9月には、税理士法人鳥山会計の法人・個人のクライアントは、「１４００件」になりました。もともと私は、〈闘う税理士〉を標榜しておりますので、「長年の『闘い』の蓄積が、『税理士』としての顧問先数に結びついたのではないか」と、考えております。

その一方で、〈税理士大家〉としては、平成28年9月に個人・グループ会社を含めて、アパート・マンションの保有数が52棟になりました。所有するアパート・マンションの入居率は98・2％。総資産額は約80億円に達しました。また、念願の銀座に、小さいながらもビルを新築できました。

そして、私には、「顧問先企業やお客様への〝コンサルティング〟をするためには、『経営』に関しても『投資』に関しても、まず、自分で実際に体験してからでなければ何も語ることができない」という信念があります。よって、様々な業種のビジネスにチャレンジしたり、あらゆる金融商品の購入をしながら、我が身をもって、「成功と失敗」や「リスクとリターン」を学んできました。事実、私自身が2回の税務調査を経験して苦しい思いを体験していますw(笑)。本書において、それらのノウハウを、惜しむことなく公開して参ります。ご質問・反論・問い合わせ等は、大歓迎です。後記の連絡先まで、いつでも、お気軽にご連絡ください。


振り返れば、昭和54年3月のことです……。私が税理士を目指して福井県から上京したのは、桜が咲こうとしている穏やかな日でした。税理士を目指すきっかけは、「私の実家が、丼勘定の典型のような商売をやっていたこと。そのため、高校は商業科、短大は経営学科に進学。そして、税理士になれば、経営者と親しく接することができる。そうなれば、一番儲かる商売を見つけられるかも知れない」ということでした。

東京・水道橋の蕎麦屋さんで住み込みのアルバイトをしながら、すぐ近くにあった会計の専門学校に通うことによって、20歳の私は、税理士試験の合格を目指しました。まず、午前8時から午後3時までは、蕎麦屋さんで調理・皿洗い・雑用の仕事。その後、午後3時半から5時45分までは、講義の予習。午後6時10分から9時半までは、専門学校の講義。午後10時半から午前0時半までは、講義の復習。大変でしたけど、充実した日々でした。

蕎麦屋さんの旦那や周囲の方々から、ご理解とご厚情を頂戴しました。住み込みでしたから、自然に誘惑から隔離されます。食事の心配もいりません。毎日、時間通りのアルバイトをすることによって、生活のリズムもつきます。意志の弱い私には、効果的な環境でした。日曜日の午後だけは、思いっきり遊んで、ストレスを発散しましたけど（笑）。

また、蕎麦屋さんでの住み込み生活による「時間」の制約は、勉強への執着心をかき立てました。とにかく、一分、一秒が惜しまれます。「時間」に飢えていた私は、短時間に集中して勉強に取り組むようになりました。そして、この経験が、後に〝スピード感〟を重視する、私の「仕事のスタイル」を築くことになります。

中国の兵法書の『孫子』においては、「巧遅は拙速に如かず」と、述べられています。現代風に言うと、「仕事の出来がどんなに良くても、スピードが遅くて、いつも締め切り直前に提出してくる人よりも、たとえ仕事の出来に多少の難があったとしても、とにかく早く仕上げて締め切り前の早い段階で提出し、その後に、相手との意思確認をしたり、ダブルチェックをしながら、仕事の修正をしていく人のほうが、より重宝される」ということでしょうか……。

話を戻しますと、あえて自らの環境を受験勉強に特化していた私は、昭和55年に簿記論・財務諸表論合格、昭和56年に所得税・法人税・相続税合格。遂に、税理士試験の「合格」を勝ち取りました。そのとき、私は22歳。「合格」の一報を受けたときの喜びは、今でも忘れられません。それから、会計の専門学校の講師や三軒茶屋の会計事務所での修業、某アパレル会社の経理部長等を経て、27歳のとき、税理士として独立・開業しました。

「税務調査」というものは、他人事だと思えば「泣き笑いのドラマ」のようなものに見えるかもしれません。けれども、自分が行ったことを、〈権力を持つ他人=国家権力=税務署〉に調べられるのには、誰しも、大変な不安を抱えることです。そして、終了するまで、煩悶とする日々を過ごすことになります。そこで、会計事務所を開業してからの私は、〈闘う税理士〉として、お客様と「運命共同体」を築くことに、専心して参りました。

なお、〈闘う税理士〉とは、「税務署に対して、子供じみたケンカをする税理士」という意味ではありません。時々、そのように勘違いされて、仕事の依頼を躊躇される方がいらっしゃるのですが（笑）。

「売り手よし・買い手よし・世間よし」の〈三方よし〉が、近江商人の経営哲学として、今日まで伝えられています。それと同様に、「お客様よし・税務署よし・税理士よし」の〈三方よし〉が、〈闘う税理士〉としての基本姿勢です。しかし、「敵を知り、己を知れば、百戦危うからず」も絶えず肝に銘じています。長年の経験によって、私には、税務署の担当者の立場も理解できますし、もちろん、トラブルや不安を抱えたお客様の立場も、理解できます。それに、税理士としての専門性と公正性を加味しながら、お客様にとっての「早く最大限有利な結果」に導いていくことが、〈闘う税理士〉の使命です。

本書では、〈闘う税理士〉が悪戦苦闘しながら、人間関係と信用を積み重ねてきた30年間の道程を綴っています。また、〈税理士大家〉としても、アパート・マンション等の資産を増やしてきた体験談を率直にお伝えしています。これはサラリーマン大家さんには大変好評です。

福井県から上京した20歳の頃、税理士試験に合格した22歳の頃、そして、会計事務所を開業した27歳の頃から、私がおぼろげながら抱いていた長年の夢は、「税理士稼業と不動産業を『両輪』として、最高のビジネスモデルを構築すること」でした。それが達成できれば、実践税理士として、これ以上の「本望」はありません。折しも、税制改正で、相続税・贈与税が注目される昨今、自ら実践することにより、法人税・所得税・消費税はもとより、相続税・贈与税・固定資産税に精通し、不動産に強い税理士事務所こそが、これからの地域社会、ひいては、日本国に必要であり、貢献できるものと確信しております。

人生、一度しかありません。皆、それぞれの人生を歩んでいます。そして、死ぬまで修業は続きます。〈闘う税理士〉〈税理士大家〉としての経験が、読者の皆様のお役に立つことができれば、幸甚です。

＊

本書は、ブログ「闘う！ 税務調査ナビ」を編集し直して、一冊にまとめた前著『闘う税理士 税理士大家さん』（２０１３年・幹書房）を大幅改訂し、新しいブログ等を加えたものです。

このブログは私が30年間、納税者と一緒に税務調査において闘ってきた上での経験則を、平成22年より綴ってきたものです。タイトルは「税務調査ナビ」ですが、内容は税務調査だけでなく借入れや鳥山自らが実践している不動産投資・事務所経営・今後の経済予測についてなど、多岐にわたります。闘っているのは税務調査のみならず、経営と自らの人生そのものなのです。

なお、ブログは原則毎週金曜日に更新しております。ぜひ常時ご拝読いただき、参考にしていただけるとうれしいです。

http://www.tk-zeimuchosa.com/blog2/

税務調査にかかわらず、お困りの方がいれば、鳥山会計を思い出してください。そして迷わずメール・電話・ＦＡＸでまずは相談してください。光明への第一歩を踏み出すのです。きっと〝あなたの立場に立った〟頼もしい闘う税理士グループの集団が味方になってくれますよ。

初回相談無料、土日も営業中です。

税理士法人鳥山会計代表　鳥山昌則

マル秘・実録　税務署との交渉術●目次

PART 1

突然、税務署がやって来た！

——〈闘う税理士〉鳥山の出番です！

PART 2

税務調査、知っていれば怖くない！

――〈闘う税理士〉鳥山のとっておきノウハウ

PART 3

直伝！ 不動産投資テクニック

――〈税理士大家〉鳥山がお教えします！

PART

4

税理士と顧問先は運命共同体！

——〈闘う税理士〉〈税理士大家〉鳥山の提言！

●本書は『闘う税理士　税理士大家さん』（2013年・幹書房）の改訂新版です。

PART 1

突然、税務署がやって来た！

〈闘う税理士〉鳥山の出番です！

case

01

行き過ぎた調査に、税務署が謝罪

――歯科医が受けた恐怖に毅然と対応

ある土曜日、一本の電話がありました。地方都市で歯科医をしている方からでした。内容は、税務調査にあっているが、３人の調査官（上席は係長クラスの40代、調査官は主任クラスの30代）の態度が大変威圧的で恐怖を感じているというものでした。ホームページを見て、電話をかけてきたのです。

具体的には、３人の調査官が突然やって来て（無予告の現況調査）、有無を言わさず診療室に入り、患者の資料を見せろと言い、２階の寝室にまで入ってパソコンを見て、大きな声で問題点を指摘するなどされたということで、相談者は「このやり方に問題はないのか」と憤っていました。

私は、調査に問題はあると思いましたが、あまりに遠方なので地元の税理士さんに対応してもらうのがいいのではと、やんわりとお断りしました。次に調査官がやって来るのは、翌週の火曜日だということで、日程も差し迫っていました。

翌日の日曜日、再度、この方から電話がありました。「姉や友人に相談したら、税務署に盾突くともっとひどい目に遭わされると言われた。しかし、どうしても腹が立ってしょうがない」というのです。相談者は「恐怖心もある」と訴えました。調査官の一人が、簡単には知りえないことで自身にとっては差別ともとれる発言をしたというのです。

調査官が、納税者本人に話を聞く前に、市役所などで調べたのでしょう。しかし、これには二重の問題があります（税務署が行う税務調査はすべて任意調査。納税者の協力なしに成立しない）。

①差別的発言で納税者を威圧し、税務調査を強迫的に行い、税務署に有利にしようとしたこと。
②税務署員が持つ質問検査権によって、必要に応じ市役所などの第三者から情報収集ができると規定されている。しかし納税者に接する前に調べることは、いつの時点で必要になったのかという問題が生じ、違法の疑いがある。

このまま放っておいては、相談者の人権が踏みにじられ、心に傷を残すことになりかねません。私は相談者の依頼に応じる決心をしました。

月曜日、5時起きをして新幹線に飛び乗り、午前8時過ぎ、ご当地に到着。依頼者にはあらかじめ、今回の税務調査の問題点を文書にまとめてもらっておきました。駅の近くの喫茶店で簡単な打ち合わせをし、「税務代理権限証書」をいただきました。

さあ、税務署へ電話です。担当の統括官（一般の会社でいえば課長級の現場の長で50代）に趣旨を話し、今から打ち合わせに行くと伝えました。幸い、税務署は駅から徒歩でも行ける場所。税務署では、統括官と3人の担当者のうち1人が対応に出てきました。依頼者は声を震わせ、文書にまとめてきた話をしました。文書の最後には、対応によっては憲法16条に基づく「請願書」も検討すると付け加えておきました。


これに対して、統括官は謝ってくれました。不快な思いをさせたことに対してです。しかし、担当の2人が不在で真相がわからないことを理由に、私と依頼者の目的である税務調査の終了と全面的な謝罪は難しいということになりました。

とりあえず、翌日の調査はしないということと、こちらの要求をしっかりと書いた文書を置いて署を後にしました。その後、統括官から私に電話があり、税務署としては違法なことはしていないし、一般的な税務調査であり、もう1日どうしても調査日程をとってほしいということでした。これを受け入れては、私の名折れです。断固拒否をしたところ、統括官が問題点を2つ指摘してきました。
①現金売上の漏れが少しあった。もうこれ以上ないかどうか。

②娘さんに出していたアルバイト料について、専従者給与の届け出が出ていないので否認する。
私はこの2点について、依頼者からヒアリングを済ませていたので、即座に答えました。
①は、これ以上はない（5000円くらいの売上計上漏れです）。
②は、娘さんが東京に住んでいて生計は別のため、アルバイト料として認められるべきもの。しかも娘さんはこの分を申告している。それを証明するためなら、半日程度、税務署において（依頼者宅ではなく）打ち合わせをすることを承諾する。

統括官もこれに納得し、1週間くらい後に2人で行きました。一通り書類を見せて説明したところ、今回は5000円の売上計上漏れのみで終了するということに。そして、問題発言をした担当上席が統括官と一緒にきっちりと謝ってくれました。苦虫を噛みつぶしたような顔でしたが、依頼者も私も心がスッキリと晴れました。ちなみに、今回の出張日当は12万円でした。

case 02

葬儀費用は誰が負担すべきなのか

——相続時における金銭の移動

今年の3月、東京都板橋区在住の方に、相続税の税務調査がありました。その際、問題となったのは次の3点でした。

①被相続人からの相続人に対する金銭の移動

②生命保険の生命保険契約に関する権利

③被相続人が負担した葬式費用

①については、調査官が事前に口座を調査しており、指摘されて、金銭の移動があったことが明らかになりました。

金額としては合計で1650万円。相続人がその金銭を株式投資に使っていたことから、被相続人から相続人に対する立替金として追加で課税されることとなりました。ただし、相続人の記憶の範囲内ということで、小額（50万円まで）の分は除外してもらいました。

②については、財産性があると分からなかったが故に、当事務所に報告がなされていなかったと、烏山会計は主張しました。しかし税務署は、相続税の申告前に満期保険金を収受していることから財産性があると分かっていたはずと主張しました。

粘り強く交渉をしましたが、結局当方の考えは認められず、むしろ意図的に隠していたものと判断され、重加算税がかけられることになってしまいました。

③の葬式費用ですが、先に死亡した母親の葬式費用500万円を今回の被相続人である父親が負担していました。税務署はこれを分割協議書から相続人が負担すべきもので、これも父親

の相続人に対する立替金になると主張しました。

しかし、分割協議書に記載されていた内容は負債についての分担であり、葬式費用については言及されていませんでした。そのため、当事務所は「慣習として夫が負担することが一般的で、立替金ではない」と反論。結局、これについては当事務所の主張が是認されました。やられっぱなしはありません。

case 03

税理士に情報が伝わっていないために起きた問題

――賃貸住宅建築費の消費税還付金の一部を返却

同族法人との一括借上げ契約で「居住用を問わない」契約は、居住用に限るものではないため、すべて「課税売上」になります。計画的に届けを出せば、消費税は100％還付となります。一旦還付されましたが、2年近く経ってからの調査になりました。

税務署の主張は――、

①当初、最終の入居者が居住の用に供していること
②実態的にみて非課税売上が70％あること

――その結果、70%の還付金を返却するように、とのことでした。

鳥山会計と納税者が一丸となり、非課税の条文、通達の規定を示し、反論したところ、国税局は6カ月以上経て、消費税は所得税、法人税と異なり契約書等の形式（文書）課税であると認める審理を行いました。

ただし、このケースの場合、建築管理会社とオーナーの契約書が同族法人とオーナーとの一括借り上げ契約以前に存在し、これが居住用と限定されていて未だに有効と判定されました。そのため残念ながら還付金の50%を返却することになりました。

この場合、返却税額に10%の過少申告加算税と年4%くらいの延滞税を課されることとなります。大変心苦しい限りです。

当事務所がすべて把握していないと、最良の結果が得られません。今回のケースも、納税者の父親が締結していた大手管理会社との居住用の契約書の存在をよく知らず、当事務所に伝えていなかったことが、消費税還付金の返却をしなくてはいけない原因となってしまいました。

このほかにも、似たような原因で返却を余儀なくされた事例は少なくありません。**前述のケースの場合は、当事務所にすべての情報が伝えられていなかったことが原因でした。**別の税理士や公認会計士に所得税・法人税の申告を依頼していて、コミュニケーション不足が原因となっている場合もあります。

当事務所としては、納税者等と十分なコミュニケーションをとり、すべて問題のない申告となることに努めなくてはいけないと固く誓いました。納税者の方も、なるべく所得税・法人税の申告についても鳥山会計に依頼するようにお願いします。

この事例における経験を基に、非課税売上を課税売上に変える画期的な方法で、アパート・マンションの消費税還付を実現し、個人相続税対策のおまけに消費税の還付を受けられると、大変喜んでいただいております。

case 04

税務署が来る前に、自ら修正申告書を提出

——工務店経営のAさんの場合

工務店のAさんは10月、某税務署より調査らしい連絡があり、過去3年分の申告資料を点検したところ、多額の売上の計上漏れに気がつきました。不安になりホームページで鳥山会計を検索し、早速、相談にお見えになりました。

3年間を検証してみると、前2年間は売上のダブル計上、消費税の一部経費算入忘れ、自動

車税の必要経費計上漏れがあり、最終年のみ600万円くらいの売上計上漏れがあることが判明しました。

ここでAさんととった方法は、税務署が来る前に修正申告書を自ら提出してしまうというものです。最終年のみ1件の売上計上漏れ約500万円を修正申告しました。

この場合の効果としては——、

①高額な売上計上漏れは重加算税の対象になりやすく、遡って7年間の調査になる可能性が高い。一番大きな売上計上漏れの修正申告を出すことにより、他の計上漏れを過少申告加算税の対象とし、調査対象期間を3年にできる

②加算税の支払いが少なくて済む。結果的には、重加算税約35万円を支払わずに済ませた

——などがあります。

成果

税務調査には2人の調査官が訪れましたが、前2年間のマイナスは減額修正にしてもらい、最終年のみ追加100万円分の修正申告、過少申告加算税ということで決着し、差引税額はわずかで済みました。

修正申告を自発的にするには、1回目の調査までの日数にできるだけゆとりを持たせること

が肝心です。また調査官に指摘される問題かどうかを、よく判断しなくてはいけません。十分なコミュニケーションと迅速な判断・行動が肝要です。

何はさておき、信頼できる税理士に迅速に相談されることが大切です。

case 05

通帳のチェックで判明した相続税の問題

——相続税の税務調査

相続が発生したころに行ったリフォームの、工事費などが問題になったケースです。

①相続開始時のリフォーム工事中で未完成のもの→前渡し金10%・50万円
②相続開始1年前に設置した太陽光発電用工事とパネル→太陽光パネル分を償却して70%が評価

結果として、①はほぼ工事が完成していたとして不問です。②の分は約150万で配偶者が取得していましたが、「配偶者の税額軽減」があり配偶者の税額は0です。ただし、子供の分へ〝はね返り〟の税金があり、約11万円の追加でした。

なお、重加算税（仮装隠蔽）の場合は「配偶者の税額軽減」が使えないため、もっと税額が増加します。

3年分の通帳のチェックで判明したものです。税務署は、金額の大きい支出からチェックしていきます。このあたりまで、申告の際には注意が必要です。

case

06

調査対象になるには理由がある

——ハウスクリーニング業・電気工事業の場合

埼玉県某税務署の調査立ち合いをしたときの事例です。

納税者はハウスクリーニング業を営んでおり、忙しい割に最近は所得がほとんど出ていない状況で、売上の割に所得が少ないために調査対象になったようです。

生命保険料が必要経費に算入されていて問題になりましたが、これは何とか是認してもらうことができました。

このように調査の対象になるには、税務署が着目するポイントがあります。

例えば、電気工事業者は屑の雑収入が必ずあります。自動販売機の設置による飲料の販売手数料も雑収入です。税務署は、雑収入計上の漏れを突破口に税務調査を進めている傾向があります。

会社、事業者にしてみれば従業員の福利厚生（飲み代）に使ってしまうので、罪の意識はないことが多いのです。しかし、使った領収書等は保存していないことが多く、通常、お金は社長が自分で使ったということで「役員賞与」とされてしまいます。いわゆる「往復ビンタ」「ダブルパンチ」です。

私の場合、往復ビンタを片ビンタにするために、せめて役員賞与ではなくその他の支払い、または役員借入金の支払い（役員貸付金）としてもらうようにしています。この場合、7年間を遡る重加算税処分がされることが多いので、雑収入といえどもきちんと毎期計上し、福利厚生費も、資料を揃えて計上し「両建て」することが重要です。**今まで計上していない場合はせめて3期間（3年分）修正申告書を提出し、今後は今述べたようにきちんと申告すべきです。**

case 07 中古車の引取り後の売却を追求される
――自動車整備業B社の場合

自動車整備業者Bは、中古車の引取り後の売却で差額の利益を計上していないと、陸運事務所の車の登録記録簿から売り買いの経歴が把握され、追及されることになります。

B社（法人）に某税務署の調査が入ったのは9月、女性上席と財務事務官の2人でB社事業所での調査が行われました。

この段階では、鳥山会計はまだ関与をしていなく、以前の税理士が対応していました。10月に入り、再度1日調査が行われ、問題点が以下の3つに絞られました。

①自社で使用していた車両の売却代金の計上洩れ
②支払っていたリース料の具体性
③旅費交通費、交際費等経費の損金性（役員家族の個人的費用のつけ回しの有無）

11月になり、私が地元の銀行の紹介により社長にお会いし、以前の税理士に対する不満を伺い、税務調査の途中で立ち会い税理士が交代するという事態になりました。

ここでの社長の不満は、以前の税理士が毎月の顧問料を支払っているにもかかわらず、1年に1回決算時にしか書類をまとめてこないこと。領収書等のチェックをしていないために、調査の際、前記③について社長と奥様にすべて返答してほしいと言ってきたことが中心でした。

今回の税務調査では、3度も税務署に行って粘り強く交渉し、極力追徴税額を抑えました。その後、当事務所と顧問契約を締結し、毎月1回試算表を作成して、経営状態をしっかり把握して税金対策をしていきましょうということになりました。

成果

結局①は、原価を90％程度認容（税務署が認めること）していただき、消費税も当時は簡易課税で追加税も少なくなり、法人税、消費税とも修正申告することになりました。
②は具体性を示し修正なし。
③は、ケタ違いのわずか1点の差額修正で済みました。

調査終了まで4カ月を要しましたが、一時は会社をやめようかと悩んでいた社長が生き返りました。今後はしっかりと節税に努めていくことを決意されました。

case 08

ネット通販業の無申告事例が急増

――個人でネット通販事業をするCさんの場合

12月初めに、国税局と税務署の職員が2名で自宅に訪ねてきたというCさんより、ホームページからの問い合わせがありました。

個人事業のCさんは、インターネットでCD等の販売をしているといいます。どうやら無申告で5年くらいやってきたようです。3年くらい前に、海外で大きく儲けが出たようで、これが心配だということでした。

早速打ち合わせをすることにして、お会いすると、その他の年も相当儲けがあり、これは無申告の重加算税で45%増しになって、7年間は遡って調べられる事案だと伝えました。

国税局の方の名刺が国際商取引とあったので、すべてバレているのではないかと伝え、正々堂々といくしかないということになりました（**もちろん、鳥山会計は脱税を断固として容認しませんし、事実認定をしっかりと主張して税務署にも認めていただく主義でおります。そしてその後は、「運命共同体」として節税をきっちりとやっていくことにしております**）。

成果

結果的には相当な仕入れ認容をしていただき、修正申告も3年で済むこととなり、納税額も最少に抑えることができました。現在の貯金が少なかっただけに心配していましたが、なんとか支払いができる金額に収まりました。今年から会社を設立し、青色申告にして節税することとしております。

case 09

外注費と給料はどう違うのか

――請負契約と雇用契約

東京のお客様の調査事例です。会社の状況は、未払い金の計上が誤りにより過大に計上されていたのですが、調査官の視点は外注費にあり、これが実態は〝給料〟ではないかという疑念が消えないようなのです。

外注費を給料にすると、税務調査宮にとってどのようなメリットがあるのでしょうか？

まず、源泉徴収漏れを指摘できます。下手をすると7年間遡って不納付加算税10％と延滞税が加算されます。

次に、消費税の課税仕入れを否認できます。一般課税の場合、仮に年間3000万円の外注費が給料になると〔3000万円×8／108＝222万円〕の消費税が否認され7年間で約1550万円もの本税に加えて加算税、延滞税が追徴されてしまいます。

では、「外注費」と「給料」はどこが違うのでしょうか？「外注費」は請負契約、「給料」は雇用契約といわれます。税務調査官が指摘するのは次の点で、該当する項目が多いと「給与」

ということにされてしまいます。
その支払いを受ける人が「個人」であり――、
①1カ所でしか働いていないこと（常用）
②事務所を有せず、車両その他の設備を持たず1人で使用者がいないこと（自分1人の体1つで役務提供を行う仕事であること）
③仕事の出来高によらず、ほぼ固定額の支払いであること
④賞与の支払いがあること（年末年始の餅代等も含む）
⑤社宅、寮等があること
⑥慰安旅行で自己負担分が少ないこと
⑦あらかじめその人の働く場所、曜日時間が定められていて、原則交替ができないこと
⑧指揮命令が支払いをする会社にあり、支払いを受ける人が自由に仕事の手順を決める等の余地がないこと
――です。

対策

①請負契約の契約書を作成すること

②できるだけ出来高払いとすること
③請求書・領収書を発行し、具体的な仕事名を記載し、消費税別とすること（消費税込でもよいが、別のほうがさらによい）
④2人1組とし、親方1人に支払い、もう1人は親方から給料をもらうこと
⑤会社を設立し、その人たちを雇用し、派遣的な役目を持たせること。ただし、売上が年間1000万円を超えると消費税が原則2期後から課税となり、基準期間の課税売上高（原則、前々年）が5000万を超えると簡易課税の選択ができなくなるが、相当な節税となる
⑥支払いを受ける人は、毎年きちんと確定申告を行うこと

当然、売上は支払いを受ける額に一致している必要があります。税務調査官は、たとえ管轄税務署が違っていても、支払いを受けた外注先の申告内容を調べることがよくあります。経費については、個人個人の使い方や認識で異なることは当然ですので、管轄税務署で調査にならなければ問題とされません。しかし、売上は、その年の支払額と支払いを受けた金額が一致していなければ、どちらが本当なのかということで問題となります。

今回の調査では、支払いを受けた側が売上をまったく申告していなかったり、少なめに申告していたりと問題がありました。そうすると、税務調査官は管轄外の税務署に「調査資料情報」

を送ります。情報をもらった側は、各人を呼び出しにかかるでしょう。この場合、完全に証拠を握られていることから〝悪質〟とみなされて重加算税が課せられ、7年間遡ることになると考えられます。

この場合の対策は、まず「自首」することです。自分の方から「期限後申告」「修正申告」をするのです。この場合の期間は、所得税の更正決定の期間制限である3年分です。

必要経費は、自分でかかった分を申告するのですが、〝給与所得控除分〟くらいはつけていいと思います。領収書等を集めていない場合が多いのですが、自己申告ということなので、よく思い出して合計するのです。

自主的に申告してしまえば加算税は賦課されず、しかも3年で経費も認められると考えます。

case 10

粉飾決算も脱法行為に当たる

——粉飾が調査で発覚したケース

長引く不景気の中、金融機関対策上やむを得ず実際の業績よりも良く見せる、いわゆる粉飾決算をやっている場合があります。

「粉飾」は「脱税」の反対の用語ですが、公認会計士は上場企業の粉飾を牽制し、税務署は脱税を牽制する役割を持っています。我々税理士は「独立した公正な立場で適正な納税義務の実現を図る」という立場ですので、脱税をさせないことが使命です。しかし、近年は適正な決算ということで、粉飾決算も脱法行為として問題であるという立場でもあります。

粉飾決算の手口としては、次のようなことが考えられます。

①売掛金の先取りをして当期の売上を増加させる。
②買掛金、未払金の計上を翌期に回し、当期の仕入、外注費等の費用を減少させる。
③商品、原材料、仕掛品、貯蔵品等の在庫を実際より過大計上し、原価計上を翌期以後に回す。
④架空の現金売上の計上をしたり、経費の計上を自己否認して、役員借入金と相殺する。
⑤貸借対照表の表示科目を変更する。例えば、仮払金、不良債権（売掛金、貸付金等）を架空の固定資産を購入したように装う。

税務調査で発覚した場合は、税務署員も立場上、本当かどうか通常通りの調査手続きの中で確認します。

ここで注意していただきたいことは、自分から粉飾を認識していたとは言わない方が良いということです。決算の手続き上誤って、結果的に粉飾と同じ結果になってしまう場合もあるのですから、仮に売掛金の過大計上があった場合、本来は正しく修正申告（更正）して、支払った税金を還付しなくてはいけなくなります（消費税も含む）。

この場合、税務署員は別の項目で点数をとろうとします。赤字であっても税金がとれる項目です。例えば、「源泉所得税」「消費税」「印紙税」等です。

そして、結果的にいわゆるお土産があるなしにかかわらず、売掛金の訂正は翌期にきちんとすることで調査終了となることが多いのです。波風を立てず、更正の請求までして税金を戻してほしいとは考えていない会社側としても、現状を申告是認していただければ有り難いので、その方向となるのです。

case 11

事実でない申述書を半強制的に書かされた

――勤務実態のない家族分の給与・賞与

ホームページからのお客様で、役員と家族の給与が問題になったケースです。

給与賞与が実態とかけ離れていて高額給与にあたるというのです。奥様に支払った給与賞与は、勤務実態がないということで、税務署は私に依頼する前に会社から「申述書」を出させていたのです。

普通、申述書（「しんじゅつしょ」または「もうしのべしょ」）ないし、上申書は税務署長（国）に対して、自分が悪いことをしていたので許してください、という意味合いがあるものです。よって出さない方がよいのですが、最悪出す場合でも、税務調査の最終段階で結果がはっきりしてから書いて出すものなのです。

ただし、これを一度税務署へ提出すると、多少〝おまけ〟はしてもらえますが、次の調査では問題のある会社（個人）という見方をされますので、当然出さない方がよいのです。また、節税により適正な申告をしていれば出す必要もありません。

今回のケースは、調査の真っ最中に提出させられていたのです。内容は詳しく明らかにはできませんが、奥様の給料賞与分は、社長が自分の貯金にしていたという趣旨の言い分でした。

ここでの問題点は、次のとおりです。

①役員報酬の改訂に関する議事録を一切作ってなかったこと→役人は記録してある文書を好む。
②家族分の賞与を遡って半年分の給与にしていたため、利益調整とみられる。
③家族分の給料賞与を振込みにしないで現金渡しにしていた。
④上記を税理士（老齢）が指摘せず、賞与をむしろ遡って支払うようにした方がよいと、誤って指導していたとのこと→正々堂々と決算賞与にすればよかったのです。

成果

私と社長は、事実に基づかない申述書を半強制的に作成させた税務署の調査手法を厳しく問題として調査に臨み、最低限の修正申告で済ませることができました。

今後、鳥山会計が同社の税務指導を適正にさせていただくことを税務署に担保した結果です。

case 12

急にやって来る現況調査

――現金売上がある商売の場合

とてもきちんとした女性経営者で、調査対象になること自体不思議でした。若手の男性調査官が訪れ、仕事の内容を熱心に聞いていきました。1日でなるべく終了させてほしいというところ、結局あと3時間、鳥山会計の応接室で書類調査となり、申告是認で終了しました。私も初日、午前中に立ち会いましたが、後は当事務所の女性担当者がほぼ対応して終了しました。

調査選定は、統括官が行うことになっているようですが、調査先の会社をよく調べてこないと、「さらに行ってこい」となるので、若い調査官はなお時間がかかるようです。協力できることは協力するから早く終了してほしいというのも納税者の切なる願い、会計事務所としてはプロとして調整役として、役割をうまくこなすべきです。

2日目は、当事務所で行うことで納税者に喜ばれました。当事務所の女性担当者もお客様と一体感が持て、良い経験になったようです。

現金売上がある商売は、急に来る「現況調査」があります。あわてずに担当官の名前と部門をメモして、その場は帰っていただき、後日調査に応じるようにしましょう。あまりにしつこいときは、鳥山の携帯（090-3229-7423）へ、その場から連絡してください。キッパリと代わりに言ってあげます。

なお、現金出納帳と実際の現金を合わせておくことをお忘れなく（昨日までの分）。

case 13

法人役員の横領で行われた税務調査

――税務調査は犯罪調査ではない

最近税務署では、銀行や郵便局の口座の動きから税務調査に入ることが、多くなっているように感じます。

本件は、衣料品の販売を行っている店舗に、国税局を交えた税務署員の数名が突然、税務調査にやってきたという事案です。当日、私は別の税務調査で、また当該法人が遠隔地にあるため携帯電話でやりとりをし、すぐに帰ってもらいました。

担当した役員が翌日の調査を約束していたため、急きょ私も、翌日の別の税務調査を鳥山会計担当者に任せて、朝5時に起床し、新幹線に乗って駆けつけました。

まず、管轄が国税局ではなく税務署であり、任意調査であること、国税局職員は応援者であることが判明し、少し安心しました。社長とも携帯でやりとりし、社長も事情があって遠隔地にいるため、調査には立ち会えないということで税務調査が始まりました。

私が国税局の担当者に呼ばれ、急に来た理由があることを告げられました。

それは、法人の役員（今回臨場している役員です）が商品の横流しをしている疑いがあるというものでした。それも個人名、全く別の人の銀行の口座へ入金があるということなのです。

当然、その口座の名義人に一番疑いがあるため、その人に聞き取りをした結果、当該法人と役員の名前が浮上してきたというのです。しかも、銀行へ行ってビデオを見てきたので、引き出しているのは、当該役員で間違いないというのです。

役員は頑なに否認しており、実際、そのようなことをするタイプではないのです。

私の脳裏に、「税務調査は犯罪調査ではない」という「質問検査権」の3項が浮かびましたが、ビデオまで見てきた3人もの調査官が間違いないというのですから、信憑性があります。社長が指示していて会社ぐるみとなれば、本当に悪質です。「私としては信じたいが、本当のこと、真実を話してください」と、役員を促すしかありませんでした。

結局、役員1人が社長に内緒で商品在庫をバッタ屋へ売却していたのです。動機は、役員個人の借入の返済に不安があったためで、きっかけは、バッタ屋から「秘密で商品を買いますよ」という趣旨のハガキがたまに届いていたことです。

事実を認めてからは、役員も私も税務署職員も比較的友好的になり、どうやって税務署の上司に理解してもらえるデータを作るかということで協力することになりました。

実は、その会社は、今回の件とは別に大きな問題を抱えていました。この問題が波及することを恐れたのです。私としては、1日精一杯協力して終了させたかったのです。ちなみに出張も大変で、朝から晩までで疲れます（笑）。

やはり「見ていないところがいっぱいあるのでもう1日」と言われ、私は、「半日午後から」と粘りました。その結果、「2週間後、半日13時から17時までで終了」としてもらうことにしました（税務署員が10人来てもOKということで）。

まず、社長と当該役員との間で信頼関係の修復を図り、2週間の間に書類の不備を直してもらいました。当日は、税務署員3人で調査をし、役員賞与、未払決算賞与が問題になりましたが、これに時間を費やし、時間切れです。さらに大きな問題の発覚はなく、税務調査終了となりました。

役員賞与についても、相当に寛大な処置をしてもらい、社長には喜ばれました。ちなみに当該役員は首がつながり、会社に与えた損害については、重加算税を含めて返済するということになりました。

成果

税務署の「寛大な処置」とは、〝役員賞与〟ではなく〝貸付金〟としてもらったこと。これによって、税額を半分にする効果をもたらしました。認定利息2％はつけましたが、これでも役員賞与の場合の税金総額を約半分にできました。

税務署内では、税務調査が適正に行われているか相当にチェックが厳しいようで、昔のように、なあなあでうまく済むことは少ないようです。問題が上に上がってしまうと〝滅多〟に減額するのは難しいので、現場（統括官までの）段階で〝火消し〟をしておく必要があります。

いつも思うのですが、「命の次に大切なお金についての税務調査は、泣き笑いのドラマ」です。

case 14

修繕費か、減価償却資産計上か？

――我々は最後まで妥協しない

一度で費用に落とした消耗品、修繕費について、金額が多いために問題となったケースを2件ご紹介します。

1件は、会社で2棟目の中古マンションを取得した際、半分空室となっていた個々の部屋をリニューアルして貸し付けているものです。この修繕は、外壁等合わせて約2000万円を要していたために調査になったのです。

この顧問先は、鳥山会計の前の事務所に相談したところ、金額が多いため、ほぼ全額を減価償却資産に計上すべきだと言われました。さらにその場合、建物の取得費に加わるため、償却期間が長くなり、定額法しか採用できないと言われたそうです。

合法的に一度で費用に落としたかった社長は、インターネットで鳥山会計を探しあて、相談に見えたのです。確かに普通の税理士ならば、無難に減価償却したとしても、せいぜい建物付属設備の10年くらいの償却を選ぶでしょう（定率法は選択できますが、平成18年4月1日以後取得の資産は定額法しかできません）。

私は、見積書、請求書の内訳をよく検討してみました。すると、1室あたり170万円くらいかかっているのですが、トイレ交換、キッチン交換、フローリング、クロス貼り替え、エアコン交換等、どれも1つあたり10万円未満のものが多いのです。外壁塗装等も原状回復なら修繕費にでき、10万円未満のものは少額減価償却資産で消耗品費になります。また、30万円未満の特例により年間300万円まで、消耗品費等で落として、すべて費用にできることを説明しました。

成果

税務調査の結果はすべてOKでした。ただこのケースは、社長個人の通帳に会社のマンションの保険金の入金があり、これは〝お土産〟になりました。

2件目は、上席調査官が1人で鳥山会計の応接室で行った、個人の税務調査です。

納税者は、サラリーマンが本業で3年くらい前にお父様を亡くし、貸マンション、アパート、倉庫等を相続され、不動産所得も発生するようになりました。相続税の税務調査もありましたが、問題にされそうな、「広大地の評価」「埋設物の減額評価」も問題なく、「生命保険契約に関する権利」について若干修正申告をして済んでいました。今回の税務調査は、不動産所得の所得税のもので、納税者本人は仕事が忙しく臨場できないため、当事務所の応接室にて、書類で調査することになったものです。

上席が問題とした点は、２つです。

１つは、倉庫の屋根の塗装工事代約２０００万円が減価償却資産に該当するのではないかということ。この場合、原状回復か資本的支出かということになります。資本的支出ということになると、建物に加わり定額法の長い耐用年数になります。当事務所のスタンスは、当然、原状回復費であり、修繕費です。

もう1点は、相続時に空きが3年くらいあった倉庫について、相続後、取り壊して、取り壊し費用約９００万円を除却損失として必要経費に算入したことについてです。

上席の主張は、「空きが長かった部屋は、事業の用に供されていないのではないか（賃借人の募集を続けていればよいが）。したがって、取り壊し費用は必要経費ではなく家事費ではないか」というものでした。

私と当時の副所長は、「それには強い抵抗感を覚える」と反発しました。素直に考えるのであれば、空室が続いたとしても、収益を長年にわたって計上して税金を支払ってきた資産が古くなって壊したと考えられます。この場合、自宅に改造して住んでいたのならともかく、全くそのまま空の状態にしてあり、しかも、取り壊してアパートの建築用地にするのであれば、当該取り壊し費用は、一時の必要経費であることになります。このことを強く伝えましたが、逆に「納税者を説得してください」の一点張りでした。

世の税理士には、これで押し込まれて、納税者を説得してしまう人が多いのでしょうか？

成果

鳥山会計は、何度もこれを主張し、認めさせ、とうとうわずかの凡ミスの修正申告で税務調査を終了しました。

case 15

憲法で保障された権利「請願権」

――「請願書」の意味と効果〈Ⅰ〉

憲法第16条に定められた「請願権」の行使をめぐる事例を3件、ご紹介します。

請願権とは、国民（内国法人）に等しく与えられた権利です。平たくいうと、公務員に対して何人も不満や理由があるときは、「請願書」により、その公務員を正すことができます。

この場合に、一番重いときは罷免できるもので、公務員は誠実に対応しなければいけないということです。請願書が出されるとその公務員の評価は下がり、いわゆる出世に支障が出ることが予想されます。また、誠実に対応しなければならないのですが、一体何をもって誠実なことなのか迷うこともあり、公務員にとって大変嫌なことなのです。

私も、10年くらい前に、ある同族会社の留保金課税の不適用があったところ、**税法の条文が難解で納税者に余計な税金を支払わせてしまったことがありました。これは、国が分かりにくい条文にして、結果的に納税者から多い税額を支払わせるような条文だと思いました。**

私としては国へ還付の請求をしたところ、認められないというので、国の不当利得だという理由で請願書を作って納税者（法人）とともに税務署に持参したのです。そのときは、統括官の2人に囲まれて請願書ではなく、異議申立て、不服審査請求をすべきではないかと説得されました。結局、その道を選びましたが、異議申立ては却下でした。このときは、全国でこの問題が起き、多くの税理士が損害賠償に泣いたようです。

私のところは少額でしたので、納めすぎの税金の弁償を事務所として行いました。顧問先との信頼関係はつながりましたが、今思い出すと、請願書を出しておけばどうだったかなと思います。

それでは以下に請願書を出すと伝え話し合いでうまくいったケース、実際に出したケースについて書きます。

case 16

「請願の検討」がプレッシャーに

——「請願書」の意味と効果〈II〉

公益法人の収入は原則非課税とされていることは、皆様ご存じと思います。公益法人の税務で気をつけるべきは、次の2点あります。

①収益事業……一般の株式会社等利益目的法人と同じことで、収入がある場合です。例えば、お寺さん（宗教法人）が駐車場を外部に貸しているような場合。

②給与所得の源泉徴収……お寺の住職さんは宗教法人から給与所得税を徴収され、税務署へ納税しています。

今回のケースは、②の給与所得について、源泉所得税の調査が入ったケースです。ここでは、問題点が2つ出ました。

①現金出納帳残高と実際の現金残高が毎期数十万円合いませんでした。実際の残高の方が少な

いのです。

②毎月数万円、実際に仕事をしていない人への支払いが給与に計上されていました。

①については、理事長なりの私的流用の可能性もあるため、現金の差額を埋められる証拠を求められました。やはりすべては埋められず、いわゆる〝役員賞与〟ということになる可能性が出てきました。

②について、税務署担当者は、他の従業員が時給なのにもかかわらず一定額なことを不自然だと思い、すぐに給与を支給されている相手先に事情を聞きに行き、会ってきたようです。

公益法人の非課税事業の場合は、売上が非課税ですので経費の否認であっても法人税の追加がありません。したがって、「ダブルパンチ」「往復ビンタ」にはなりません。ただし、理事長なりの給与増となり個人の源泉税と住民税が増加し、加算税・延滞税がつくのです。

この場合の問題は、修正の課税対象期間でした。税務署側が当初から求めていたのは、7期分（個人の給与なので7年分）の資料でした。そのため、②については、重加算税対象になることは確実です。

問題は、①についてどこまで調べてはっきりするか、要するにブラックかグレーかです。グレーであれば、課税すること自体に問題があるため、税務署側ははっきりと理事長なりの私的流用があることを証明しなければなりません。そのためにいきなり理事長宅へ出向いてきたり、銀行調査をしたりと長引く結果となり、強引な調査になるのです。

今回のケースは、源泉所得税のみの調査のため、7年の課税をすること自体に問題があるのです。

私としては、当初から調査修正期間を5年までにしてほしい旨を強く要望し、5年分しか資料を渡しませんでした。この理由は、源泉所得税が過大納付の場合は5年までしか減額更正（還付）できないためです。つまり、追徴は7年であり、明らかに不合理で、制度上欠陥（国の不当利得）なのです。

例えば、株式会社の社長に愛人がいて、その愛人が仕事をしていないのに給与を支払っていたようなケースです。税務署にバレれば社長の役員賞与となり、往復ビンタ、ダブルパンチになります。

しかし、この場合、仮装、隠蔽がある（架空人件費）ため、重加算税（35％）がつき、7年間の増額更正が行われ、延滞税（年利約4・5％）も7年間遡って課税されます。

一方、愛人が支払ってきた（というより社長が払ってきた？）源泉所得税は架空であったため、減額更正となるのですが、これの遡及期間は5年が限度なのです。

今回の源泉所得税の税務調査について、担当者は現地調査は終了すると言ったにもかかわらず、税務署の統括官は、さらにあと1回理事長に会わせてもらいたいと告げてきたのです。**私**

としては、当事務所の担当者を経由して、税務署の担当者に、「今回の税務調査には問題点が多く、憲法16条による請願書の提出を検討します」と言わせました。

これには、税務署側もびっくりしたようで、翌日上司の統括官より電話があり、長々と1時間くらい話をしました。

最初はトゲのある感じで――、

①請願書は公務員の罷免もあるから重大なことであること

②重大にもかかわらず、請願書を提出する理由は何なのか

③請願書を出すことに決定したのか

――ということの3点が中心でした。

理由については、私としては――、

①税務調査の手法の問題　いきなり取引の相手方へ予告なしで聴取に行くことが2回あったことによる、納税者のプライバシー保護

②増額更正の期間7年と減額更正5年の制度上の不備

③調査期間が2カ月近くと長いこと

――を挙げました。

統括官は、今回の税務調査の正当性を訴えていましたが、「理事長に会って説明したい」と

言うので、もはや今回の調査手法により、納税者の感情的には、「税務署には会いたくない。早く終了させてほしい。そのためには、税金を多く支払ってもよい」という気持ちになっている旨を説明しました。

そして、次の提案をしました。

①今回の調査結果と問題点については、鳥山が、「士《さむらい》」としてきちんと理事長他幹部に説明する。

②更正期間は7年ではなく5年を強く要請する。

③現金の合わない分については、今後、きちんと合わせるよう鳥山会計が指導をする。

④結果において、請願書は出さないこともある。

数日後、統括官より電話があり、「中途半端ですが、税務署としての回答が出ました」と報告がありました。

それは、「更正期間7年を、5年プラス何カ月にする」というものです。プラス何カ月というのは、税務調査に入って発覚した給与源泉の誤りの期間です。例えば、3月決算の会社の調査が9月で、9月10日分の源泉所得税の納付をしている場合、4月より9月までの納付分が過少なため、これも是正せざるを得ないということです。

つまり、5期間プラス6カ月分を更正するということです。**減額更正の期間は5年なので少し違和感が残りますが、統括官もこの数日、悩んで上司と打ち合わせた最大の結果なのでしょ**

う。

他の要望も通ったので一発で了解しました。もちろん、私は「士」ですから憲法16条の請願権は行使することもありません。

case 17 請願書の効力が証明されたケース

――「請願書」の意味と効果〈III〉

憲法第16条に基づき「請願書」を税務署に送付し、その後、4回にわたり事情聴取、再調査、検討を重ねてきた重要な案件が、8カ月経ってようやく決着しました。

当該税務署の個人課税部門の上席調査官の言動、調査手法に問題があり、納税者の強い不満を招き、鳥山会計にご相談にお見えになりました。「請願権の行使」を行うこととし、「請願書」の提出となりました。

税務署に対する反論の骨子は、国税庁の定める〝税務運営方針〟の精神に照らして、当該税務調査に問題がなかったかということでした。当該上席調査官が一方的に決めつけ、納税者の主張を無視するなどした結果、修正申告になり、重加算税にされ、多額の税額を過去数年にわたって、徴収されることになっていたのです。

憲法第16条に――、

「何人も、損害の救済、公務員の罷免、法律、命令又は規則の制定、廃止又は改正、その他の事項に関し、平穏に請願する権利を有し、何人も、かかる請願をしたためにいかなる差別待遇も受けない」

――とあり、これを具体化し、文書化するものが**「請願書」**です。

また、請願法（昭和22年3月13日法律　第13号）によれば、第5条にこの法律に適合する請願は、**「官公署において、これを受理し誠実に処理しなければならない」**と明記されています。

ですから、**税務署は、請願書が提出されると大変なことになるのです**（大変な内容は、ご想像にお任せします）。

税務署は、なるべく受理しないようにします。受付に提出に行ったら、提出しないように説得されるのです。ですから、**書留郵便で税務署長宛に送付するのが鉄則**です。

さて、修正申告の内容ですが、納税者は事業所得がある方で、長年店舗による事業を奥様と2人で行っていました。

税務調査で問題になったのは――、

①自動販売機の手数料の収入計上

②修繕費他の経費の必要経費性
③専従者給与の支払いの有無

——であり、すべて何年にもわたって相当な金額が否認され、重加算税がどのようなものかの説明もなく、修正申告をなかば、強制、説得され、無力感、あきらめ感から応じてしまったものです。

税務署側の担当の統括官には、誠実に粘り強く、前向きに対応していただき、少しでも間接的な事実が認められれば是認してもらうなど、税務署としてできる限りの還付を実現してもらえました。納税者としては、重加算税がすべて取り消しにならなかったことに不満は残るものの、納付した税金の相当金額を、職権による更正により還付してもらったことは、大きな成果でした。私としても〝**請願書の効力**〟を十分知ることができた良い機会でした。

まとめ

「請願権」「請願書」は、税理士も税務署も知らない方がまだ多く、知っていても活用することに躊躇する方が多いのも事実ではないでしょうか？ 「請願書の提出」は早くした方が得策です。申告期限をまたぐごとに、職権更正を追ってできる「還付期間」が減っていくのです（納税者にとって還付期間が減るので不利）。しかも、請願書を提出してから決着するまで半年はかかります。

case 18

発端は勤務先に入った税務調査

――サラリーマンだって税務調査を受ける

事例1 **勤務先に入った税務調査が発端となり、自分の通帳を調べられ、趣味兼用でやっていたインターネットオークションの売買が問題にされたケース。**

鳥山会計に相談され、管轄が違う税務署のため、通報される前に自ら期限後申告を4年分提出しました。

きちんと記録に基づき、売上、仕入、経費を収支計算して申告したため、税額も安く、税務署から指摘されるより格段安い加算税、延滞税で済みました。

今後、事業所得を青色申告にして、当事務所から申告することになりました。

事例2 **アルバイトで建設業者の手伝いを日当でやっていたが、3年間申告していなかったケース。**

母親の扶養に入っており、建設業者に税務調査が入って発覚、当事務所に相談に見えました。

給与所得控除相当分30％くらいの経費を差し引いて申告。

case 19

青色申告が取消しの危機に!?

――まずは良い税理士選びから

前の税理士事務所の作成帳簿不備により、青色申告が取消されるところだった事例です。

埼玉県の税務署の税務調査にあっていた法人は、依頼している税理士と事務所に不信感を覚え、インターネットで鳥山会計の税務調査ブログに辿り着き、電話をしてこられました。6年前にも税務調査があり、同じ税理士に依頼してきたのが、相当に問題があり追徴税も多額に上ったとのことでした。

社長は経理関係に疎く、すべて税理士事務所に任せきりの状態でした。ただ、今まで依頼してきた税理士事務所が悪い。私も、こんなにひどい税理士事務所があるとは思いもよりませんでした。

まず、領収書等の書類は3年過ぎたら処分してもよいと言っていたようです。このため、4期、5期前の証憑書類が不足していて、どうしようもない状態でした。また、帳簿が不備なのです。

青色申告なのですから、総勘定元帳を毎期打ち出して依頼者（会社）に渡しているはずなのに、不完全な元帳なのです。この税理士はなぜか1年経ってから元帳を会社に渡すそうです。だから渡し忘れるのです。一部が1カ月の合計転記だったり、摘要に相手先の記載が一切なかったりしたのです。

また、担当した部門の統括官がやたらしつこいタイプで、3期で終了させてもらえるかと思うと、また4期、5期前のものを持ち出してくるのです。税務代理権限証書を私に書いてもらって、税務調査は途中交替になりました。

私も当初から立ち会いをしていないので、1回目は税務署へ社長と2人で行って、税務署の女性担当官と統括官に面通し、問題点の把握に務めました。2回目は問題点を詰めて整理、3回目は3期で終わるか認定賞与かの選択、4回目は決着を考えて行ったところ、統括官の口からは、5期前の元帳不備で青色申告取消しもあり得るという言葉がとび出したのです。

これでは、今までの努力が水泡に帰すことになりますので、私もビックリしました。なぜなら、5期前は600万円余の赤字が発生した期で、これが取消しにされると、それ以後4期間でこれを黒字と相殺してきているため、一挙に300万円くらいの税金が追加されてしまうのです。

私と社長は怒りました。それは、ほぼ3年で済ませることになったのにまた蒸し返す統括官

と、いい加減な帳簿を作成した税理士事務所に対してです。

私は税務署と物分かれにして、社長と一緒にその足で前の税理士事務所へ行きました。幸い担当者と税理士がおり、話ができました。私が具体的に帳簿の不備を見せて指摘したところ、担当者はコンピュータで不備な部分をある程度補完する帳簿を打ち出してきました。

注意

これによりまだ不備はありますが、青色申告取消はできなくなりました。ここの税理士は、私が促しているのに、社長に対してきちんとした謝罪もしませんでした。立地の良い場所で長年開業されているようですが、税務署のお偉いさんが始めたところのようで、看板も古くなり、活気も全くない事務所でした。同業者ながら、全く情けない限りです。

結局、この件は、総務課長に仲に入ってもらい、3期の修正申告で済むことになりました。今後は鳥山会計が顧問として、きっちりとやっていくよう依頼を受けたことはいうまでもありません。

case 20

社長の趣味を会社の経費に計上

——社長がホッと胸を撫で下ろしたケース

板橋区で板金工場を営んでいる法人に、税務調査が入りました。当事務所の顧問先ではないのですが、顧問税理士を依頼していないので、知り合いの紹介で当事務所に税務調査の立ち会いを依頼されたのです。

早速、社長のご夫婦にお会いして打ち合わせをしてみると、次のような問題点が浮かび上がってきました。

①社長が趣味でほとんど乗っている乗用車（800万円で購入）の減価償却費とそのガソリン、車検代、自動車保険料、駐車場代を100％経費にしている。

②自宅兼事務所の家賃の場合、本来30％くらいの事務所の使用が適切なところ、50％を経費にしてきた。

両方の問題に共通しているのは、社長個人が本来負担すべきところを会社に負担させている、いわゆる「個人経費のつけ回し」です。中小同族会社ではよくあることです。よくあることなので、税務署は相当に訓練してやってきます。

これに対する対策は、①については車の使用を仕事のため、いかに使っているかを記録にとりアピールできるか、②については材料置き場、作業所のスペースをいかに多く見せてアピールできるかにかかっています。

税務署には、当事務所が当該会社から代理権限証書を取得したことを告げ、日程を長めにしてもらい、その間に対策を実行してもらいました。

さて、税務調査の当日、調査に訪れたのは、統括官（現場の長、一般の会社では課長クラス、50代くらい）と、新米と見える女性の財務事務官（一番若くて調査の駆け出しで肩書きがない。20代後半くらい）の2名で、会社にとってラッキーなことに、めったに外に出ない統括官が新米の教育のために出てきた調査らしいということです。

事実、女性の事務官に主体的に質問するようにさせていました。ただ、この事務官の要領が極端に悪く、結局、統括官が核心を聞くという展開になりました。

当事務所のいつものやり方で、税務署が2日調査日程を言ってくるところをお願いし、原則1日の日程の調査としてもらい、だんだんとカウントダウンになり、しかも売掛金、買掛金の問題が浮上し、経費はあまり見る時間がなく、その日は終了しました。

後日、売掛金、買掛金の金額を合わせるためのやりとりを1カ月間くらいやり、結局、差引きわずかの修正申告で済みました。心配していた、個人的な経費の問題は指摘されずじまいでした。本当にラッキーといえます。

ただし、今後は適正な使用割合に是正していくことは当然であり、当事務所に顧問を依頼していただけました。

case 21

消費税還付で行われた確認調査

——中古ビルを親子で購入した場合

東京・池袋の中古ビルを8億円で親子で購入したお客様に、税務調査が入りました。8億円のうち建物代金が3億円で、消費税が約2400万円、これを還付してもらう申告、いわゆる「消費税還付申告」を行ったのです。

契約は9月、決済引渡しが10月でしたので、10月を消費税の課税期間に区切る「消費税の課税期間の特例の届出書」(1カ月)と同時に、「消費税の課税事業者選択届出書」を9月末日までに親子ともに所轄税務署へ提出しておきました。

10月20日に決済引渡しが無事に終了し、12月末日までに消費税の還付申告を行いました。概要は以下のとおりです。

・父……給料と年金、不動産所得あり
　アパート1棟（収入約500万円）
　店舗事務所（収入約500万円）
　ビルの持分は共有で1／2
・息子…給料のみ
　ビルの持分は共有で1／2

このケースで、消費税を還付してもらうのは割と簡単です。ビルで賃貸するのはすべて店舗事務所で、事業用課税資産の取得だからです。

ただし、油断は禁物です。決済引渡しの前月までに前述した手続き（届出）をしないと、還付はアウトなのですから。早めの相談が必要ですね。

もう一つ、このケースで肝になるのが消費税の課税仕入の計算方式です。この場合、「個別対応方式」を採用しないといけません。特に父親の方は、すでに非課税売上であるアパート収入があります。今回の物件の消費税だけを切り離す「個別対応方式」が必須です。

それともう一つ、消費税の経理方法を「税抜経理」にすることも忘れてはいけません。これを「税込経理」にしてしまうと、還付金が雑収入になり、還付された年の所得税等がドンと増えてしまうためです。

ややこしいことだらけですね。だから、税金のことは税理士へ、税理士の中でも超一流の鳥山会計へ早めのご相談を！

さて税務調査ですが、消費税還付で特に東京の場合は、まず税務調査はあると覚悟してください。

「えーっ、税務署の人と会うのはちょっと……」

こうなる方も多いので、鳥山会計では、消費税還付手続きをパックでお引受けしております。還付金（還付加算金を含む）の原則28％を成功報酬で受け取り、3年間の申告と税務調査の立会いも含んでいます。消費税の税務調査については、原則的に当事務所で税務署員と行います。つまり、納税者であるお客様は、原則税務署員と会わなくてもよいのです。

今回のケースでは、お父さんの3年分の所得税の申告内容も調査させて欲しいということで、当社池袋事務所で半日程度で済みました。

当日は、調査官1人で来ました。年配の方で、60歳定年後の再任用の方です。東京局では、かなりの確率でこの再任用の方に当たります。ほとんどの方が上席か調査官の肩書きです。税務署もベテランの人材不足のようです。彼らの特長は、ベテランで要領よく調べてくれることと人情味があることで、割と早く調査の時間が済み、結果も早くわかることです。

消費税は書類審査です。片っぱしから調べますが、規定に合っていれば大丈夫です。今回は、父親が昔、個人で商売をやっていたと聞いていました。そうであると、昔、「消費税の簡易課税選択届」が出されている可能性があります。その場合、「消費税の簡易課税の選択不適用届」を9月までに提出しないと、すべてアウトになってしまうのです。

私の運試しと思っておそるおそる調査官に聞いてみると、簡易課税ではないとのことでした。助かりました。結局、消費税還付は2人ともＯＫとなり、翌月には還付されました。

ちなみに、消費税の還付は還付加算金（税務署から納税者に支払う利息に相当し、年利4・2％くらい）が増えるので、還付を保留にして早めに税務調査になります。還付申告が12月末で税務調査が1月か2月、ＯＫとなればすぐに還付金の振込みとなります。

今回のケースは、父親の所得税について前の税理士のときの誤りが見つかり、若干ですが修正申告が必要になりました。

case 22

税金滞納で受けた「死刑宣告」を回避

——困っている人を放っておけない性格が原動力に

建設職人のDさんは昨年10月に税務調査を受け、12月に追徴税として所得税、住民税、加算税、延滞税合計で約３００万円になりました。今年の確定申告の前に相談にお見えになり、税務署と市役所に相談して、毎月20万円くらい分納しているとのことでした。

Dさんの悩みは、今回の確定申告をどうするか？　いくらの税金でこれを納めることができるか？——ということでした。

現在の分納分を納税するのがやっとで、さらに今年の税金が追加になるのは辛いのです。

幸い、Dさんは8年くらい前までは法人で申告をしていました。この法人は有限会社で登記上、まだ生きていました。売上の減少で借金の返済ができなくなり、休業状態が続いていたところ、個人の通帳に売上の入金があり、これを無申告できてしまったのです。

私が提案したのは、本来会社で仕事をしてきたのだから、会社で申告すればよいということです。そうすれば、給料をとることができ、利益を圧縮し、結果として納める税金を圧縮できるのです。

そうこうしているうちに、税務署の徴収の担当者が国税局に変更になるとのこと、急遽会いたいと言ってきました。Dさんがやむを得ず会ってみると、3日以内に滞納税金を延滞税も含めて、全て1円も残さず支払わないと売掛金を差し押さえると言われたとのこと。

Dさんから事情を聞いてみると、毎月10万円以上の支払いをしており、滞納残高は200万円くらい。すぐに差し押さえするような状況ではないと感じました。

売掛金の差し押さえをされるということは売上先に税務署が行くわけですから、信用はガタオチになります。つまり、経営者にとっては「死刑宣告」のようなものです。

私は税務署に電話をかけて抗議をしましたが、税務代理権限証書がないと答えられないの一点張り。私はDさんから税務代理権限証書をもらい、税務署へ提出しました。

早速、徴収部門の統括官から連絡があり、事情を聴きました。それによると、Dさんの説明が問題になっているようです。Dさんは5人くらいの職人の親方で、売上先から自分も入れて6人分の売上入金があります。6人分の1カ月分の入金を差し押さえられると、5人の職人さんへの支払いができなくなり、全員が路頭に迷うことになる――Dさんはせめて自分だけの責任で対応したいと思い、徴収官に「売上入金を各職人別に分けてもらえば、自分の分の差し押さえだけで済むのか？」と聞いたというのです。

これは徴収官の立場からすると、「差し押さえを回避しようとしている。すぐに差し押さえを実行しないと、売掛金が雲散霧消してしまう」ということになります。朴訥な職人であるDさんにとっては、ただ相談したつもりだったのですが……。

Dさんの話を聞いてみると、５人の職人を使ってこそ滞納税金も支払えるし、生活もできることが明らかになりました。差し押さえされてもダメ、５人バラバラになっても将来がないのです。

私は統括官と話をし、一計を案じました。２００万円近くのDさんの税金を、私がいったん立替え払いをすることです。人が良いと思いますが、性格上、放っておけないのです。

このことをDさんに伝えたところ、恐縮しきって、自分もなけなしの金50万円を出すというので、残りを私が立替えることになり、税務署と話をつけました。税務署では3人と会い、国税局の徴収官とも会いました。きつい目つきでしたが、私が立替えることを言うと、少し表情が緩みました。

税務署側は大歓迎ですから、私も相当信用があるようです。紙1枚発行せず、今週中に支払うというだけで差し押さえは中止になりました。Dさんからはけじめとして借用証と印鑑証明書をもらい、これからきちんと納税をして、新しく発生する税金を支払い、私へも返済していただくという道筋がつきました。

Dさんの前向きな奮闘はこれからも続きます。

case 23

個人口座への入金で、売上計上漏れ

――インターネットオークション事業の場合

ホームページを見て連絡があった法人の社長夫婦は、埼玉県内の税務署の税務調査にあい、7期分調べられました。税務署より、個人通帳に入金のあった売上の計上漏れを指摘されていました。

通常、法人の売上が法人の通帳ではなく、社長個人の通帳に入金されていると、税務署側は仮装、隠蔽とみなして、悪質と捉え、重加算税（35％増）対象と考えます。こうした場合、調査の対象期間は3年ではなく、脱税の時効期間である7年と言ってきます。

今回の件は、業種的にインターネットオークションを使う事業であり、個人口座で登録する必要性があります。また、売上計上漏れ額が多額ではないことから、7年分の調査は不当ではないかということで、私が税務代理権限証書（委任状）をもらい税務代理を行いました。そして、ご夫婦と税務署へ出向いて、統括官、担当の上席と打ち合わせることとなりました。

この際、私が統括宮と話したことで、担当上席（女性）が社長に対して――、

①2日間、調査をし修正追加所得と税額がほぼ固まっているのに、なぜ税理士に依頼するのか

②本来ダメと思われる修正事項もお目こぼしをしてあげたのに、もう一度最初から調べることとなる

③追加税額はわずかである（納税者の感覚が分からない）

④帳簿がしっかりつけてあるから、今後も税理士を依頼する必要がないのではないか

――というような脅しともとれる電話をしてきたとのこと。これは納税者の心理を全く理解しない、また税理士制度をないがしろにする、暴言だと厳重に抗議しました。

成果

打ち合わせ当日は、税務署側の謝罪から始まり、結局、3年分の売上計上漏れ(3年分の修正金額も少なくなり)になり、ほとんど税金の追加がなしとなりました。会社側からは大感謝で、今後も「運命共同体」として頑張っていくことになりました。

PART 2

税務調査、知っていれば怖くない！

〈闘う税理士〉鳥山のとっておきノウハウ

役員の給与について

税務調査において、役員の給与は古くて新しい問題です。

従来から役員報酬は定期同額、それ以外は役員賞与として「損金不算入」とされてきました。税務調査官は、福利厚生費、交際費、消耗品費等の経費科目の中に、社長をはじめとする役員の個人的な支払いが混入されていないかについて目を光らせています。

役員賞与にされればどうなるのか？　法人税法上では「損金不算入」、個人の方は「源泉徴収漏れ」で「ダブルパンチ」「往復ビンタ」で重加算税の憂き目に遭ってしまいます。

例えば、自宅の冷蔵庫を会社で使っているとしていて、消耗品費に計上されていたようなケースです。法人税、地方税、消費税、源泉所得税、重加算税、延滞税を加えると100％近く税金を支払う羽目になります（**次ページ囲み**参照）。

ここで私なら、一つの方法をとります。それは、役員が会社に貸付金を持っている場合（通常、会社の貸借対照表上、役員借入金に計上されています）、役員が賞与をとったのではなく、貸付金を返してもらったこととしてもらうのです。

役員が会社に貸付けている場合の給与の得する税務処理法

例えば，250,000 円（消費税別に 20,000 円）の冷蔵庫について、
30 万円未満の少額減価償却資産の一括損金算入の特例を受けて、
消耗品費として損金に算入していると、次のような仕訳になっています。

消耗品費	250,000 円	／	現金又は役員借入金	270,000 円
仮払消費税	20,000 円	／		

税務調査で否認されると、次のような仕訳になります。

役員賞与	270,000 円	／	雑収入	250,000 円
		／	仮受消費税	20,000 円

税金は、消費税 20,000 円
法人税、地方税、250,000×25％（利益 800 万円まで）＝62,500 円
源泉所得税は役員の給与を年間 12,000,000 円とすると、
地方税も含めた税率約 30％
250,000×30％＝75,000 円

重加算税（事業税分も含め）は、
法人税、消費税の約 40％（事業税の重加算金を含む）
82,000×40％＝32,800 円
延滞税は仮に 3 年前の修正申告とすると、
157,000×4.5％×3 年＝21,190 円
合計 211、490 円で、84％以上税金を払う羽目になる。

これは、強力にお願いしています。**自分が役員（社長）なら、ボーナスなんてとる前に貸したお金を返してもらいますから、今まで100％近く認めてもらっています。**

これにより、今回のケースでは源泉所得税分（地方税含む）7万5000円と加算税延滞税を含めて、約10万5000円は助かります。50％は安くなります。

ただし、会社からは返済されたこととなるため、いずれ返してもらうお金は減りますが、オーナーにとっては、会社は一心同体のはず、痛くもかゆくもないのです。むしろ、社外流出するお金が出血ですからつらいのです。

また、以前から「使用人兼務役員」というものがあります。

これは、取締役営業部長、取締役総務部長のように、名目上役員であるが、実質上は使用人であるような場合の人をいいます。この人に対する賞与で使用人分は「損金算入」とされるのです。ただし、株式の保有割合によっては、役員にみなされる（みなし役員）場合があります。このあたりは従来から税務調査において調査官と、会社、税理士側との問題点となることが多いのです。

平成18年頃の税制改正により、近年、役員の給与について問題となるケースは、次の2点に絞られてきました。

事例1 定期同額給与が規定され、臨時には、上げるも下げるも原則ダメとされるようになりました。

役員報酬を上げるか下げるかは、期首から3カ月以内に開催される株主総会で決定され、これ以外の臨時に上げ下げしても、原則として上げ下げした差額は、臨時の給与（役員賞与）として損金不算入になるのです。

よく問題になる事例が4カ月目で値上げした事例、4カ月以後に値下げした事例です。

ホームページを見て依頼されたお客様で、どちらも該当している事例がありました。4月決算なのですが、1月からが給与計算ではきりがいいため、毎期1月から役員報酬も従業員給与も変更していたのです。**本来は7月までに変更すべきだったのです。**

株主総会を実質的に開くとなると1カ月目は無理なので2カ月目、3カ月目に変更するものです。つまり、6月か7月です。

税務署ではここを問題点とし、値上げ分1カ月50万円、1期間で300万円、値下げ分と前の給与の差額分（例えば前の役員報酬が100万円、値下げ後50万円とすると、差引50万円分の前の給与支給カ月分）1カ月50万円で6カ月分300万円、3期分で600万円分が損金不算入（役員賞与）だというのです。

私は、次の2点で対抗しました。

①平成19年に法改正されているが、調査期間はその直後の3年間であり、改正内容が周知徹底されていなかったこと。

②値下げは業績が大きく減益になったことによるので、例外的に認めるべきであること。よって、今回は、指導にとどめてほしいこと。

結果は良好でした。

事例2 改正により、事実上役員賞与を支給しても認められる「事前確定届出給与」ができました。

定時株主総会において、当期中に役員に対して、臨時の給与（賞与）を支給することを決議するのです。日時、金額、対象者を明記し、税務署長に1カ月以内に届け出をし、きっちり届け出どおり支払えばOKです。

当事務所できちんと支払いを指導しているので、今のところ問題となっていませんが、今後、うっかりで「損金不算入」とされる事例が増えそうです。

この事前確定届出給与をうまく活用する例として、不動産会社の社長（役員）が自分の成績による賞与をとりたいとき、前期の実績に応じて翌期に賞与を決めて支払い、損金に算入することをやっています。賢い活用法です。

まとめ **役員の給与の問題は、税務調査において、赤字の会社でも税金が生ずる大変重要、重大な問題です。日頃、相当に注意を払って、対処していく必要があります。**

そもそも「役員とは何ぞや？」というところから、根本的に理解しておく必要があります。社長の奥様への給与は役員報酬になるのでしょうか？　大切なことは「経営に参加しているか」「肩書きが何か（例えば、専務取締役、常務取締役、監査役等は役員です）」が重要になります。

なお、役員給与の改定をしたときは、毎期「株主総会議事録」を作成しておくことが税務調査対策の一つです。

青色申告の取消し

最近、当事務所の新規顧問先になるところで、青色申告が取消しになってしまっているケースを見かけます。**特に多いケースは、２期連続して確定申告書を提出していないか、遅れて提**

出しているものです。

青色申告の特典には、欠損金の繰越控除（法人9期、個人3年）、欠損金の繰戻還付、特別償却、投資税額控除、貸倒引当金の特例等があります。このうち欠損金の繰越控除は、当期の利益と前期以前の繰越欠損金とを相殺できることで税金の平準化を図ることができる最大の特典です。

つまり、白色申告の場合は、当期利益（所得）が１０００万円のとき約３００万円税金がかかるところを、前期以前9期以内の青色申告による繰越欠損金が１０００万円あれば、「１０００万円−１０００万円＝０」となり、３００万円の税金は０とできるのです。

青色申告の要件は、事前に「青色申告の承認申請書」を所轄税務署に提出し、現金出納帳、元帳等の帳簿類の記帳をする必要があります。

ところで、青色申告の取消しがあった場合、どのような取扱いになるのでしょうか？

例えば、次のようなケースを考えてみましょう（**次ページ囲み参照**）。

申告書提出のために書類をまとめていたところ、10月に、平成27年5月期が遅れているため「青色申告書を取消す」旨の通知書が送られてきました。通知書には、「平成26年5月期以後取消し」と書かれていました。

この場合、平成26年、平成27年の欠損金は白色申告となるため、以後の繰越控除はできませ

当期の利益と前期以前の繰越欠損金を相殺

平成２２年５月期	△１００万円
平成２３年５月期	△２００万円
平成２４年５月期	＋１００万円
平成２５年５月期	＋　５０万円
平成２６年５月期	△３００万円
平成２７年５月期	＋１００万円

繰越欠損金△１５０万円、
１ヵ月遅れて申告書提出

ん。平成26年5月期の欠損金３００万円は切り捨てになるのです。平成25年以前の繰越欠損金は平成26年分以後の所得と相殺できます。つまり、平成27年5月期の申告上の繰越欠損金は、平成19年の繰越欠損金が１５０万円あれば、「△１５０万円＋１００万円＝△50万円」が平成19年5月期の残りとなります。

青色申告は、金融機関の評価も高めるため、ぜひとも利用したいものです。

こういった取消しの場合や、青色申告の申請期限を経過したため、当期が白色申告である場合は、もちろん「青色申告承認申請書」を提出するとともに、白色申告の期間の決算については、法律上可能な限り黒字化することに腐心します。

例えば、通常消耗品費とする10万円未満の減価償却資産を備品等の資産に計上し、減価償却にもっていくなどです。つまり、損失の繰延べを図るのです。やはり、「餅は餅屋に、税金は税理士に」ということです（笑）。

償却資産税って何？

「償却資産税」という名称を初めて聞く方も多いと思います。けれども、「減価償却資産」といえば聞いたことがあると思います。「減価償却資産」のうち、建物と車両運搬具を除いたものと考えれば、ほぼ合っています。

建物は固定資産税、車両運搬具は自動車税が課税されるため、それ以外の償却資産に課税されるのが固定資産税の一種である償却資産税なのです。市区町村税でその市区町村内の償却資産が対象です。個人、法人が課税される業者で、毎年１月１日に存在する償却資産が対象になります。

大切なのは市区町村別に存在する償却資産の取得価額の合計が１５０万円未満のうちは課税されないことと、毎年減価していった金額に固定資産税と同じ税率の１・４％を乗じて課税されることです。毎年11月頃、市区町村から申告書が送られてきて前年までに申告した明細書が同封されています。これに1年中に増加・減少した分の申告をするのです。個人は「青色申告決算書」「収支内訳書」を、法人は「法人税の別表16（減価償却に関する明細書）」の建物と車両運搬具を除いたものを申告すると思えばいいのです。

ところがきちんと申告されているかというと、今まであまり市区町村が調査をしてこなかったためか、取得したのに抜けていたり、金額が合っていなかったり、逆に破棄したのに減少されていなかったりと、割とずさんな申告が多いように感じます。

当事務所の顧問先にも、市区町村の資産税グループから現況調査の連絡がありました。どうして調査になったのか聞くと、トップの市長が重点施策として調査を指示したということです。そのときは、5年分の修正申告をすることで現況調査は見合わせてもらいました。

市区町村も税収不足で不退転の決意で臨んできます。これからは、償却資産税もきちんと申告していく必要があります。なお、時効は5年です。

「お尋ね文書」に対する対応

税務署、県税事務所から「〇〇のお尋ね」という文書が送付されてくることがあります。

「お尋ね」文書の目的別分類

税務部門	資産税部門	不動産の購入に関するお尋ね	購入資金の出所源泉を捉え、贈与・相続・譲渡・他の税金漏れを補足
		株式の取得に関するお尋ね	取得資金の出所源泉を捉え、贈与・相続・譲渡・他の税金漏れを補足
	管理徴収部門	滞納者（社）に対する家賃についてのお尋ね	税金滞納者が借りている家・事務所・店舗等の大家が預かる保証金等の差し押さえ
都道府県税		不動産の購入に関するお尋ね	不動産を取得したときにかかる不動産取得税の漏れを補足

目的別に大別すると、上記の別表のとおりです。

税務署、県税等からこうした「お尋ね文章」が来るとドキッとしますが、あわてる必要はありません。これらの文書に対する回答は、提出することを法律で決められた文章ではないため、提出する義務はないのです。言いなりに提出すると、〝やぶへび〟あるいは〝飛んで火にいる夏の虫〟になることもあるので、様子をみましょう。

こうした場合は、専門家に相談することも一つです。

提出したほうが無難な場合の、お尋ねに関する回答書を次ページに掲載しましたので、参考にしてください。

「お尋ね」に関する回答書の例

○○税務署　資産課税部門　○○○○殿

お尋ねに関する回答書

平成○年○月○日付、○○税務署長より送付されました「お買いになった資産の購入価格などについてのお尋ね」については、当職が○○○○様より○月○日委任されたので代理にてご回答致します。

同封いたしました契約書、謄本によれば土地建物ともに売主は○○○○、○○○○両氏であり、共有持分を売却している。買主は○○○○氏一人である。

税務上問題点としては、1. 売主側の譲渡所得の金額、2. 買主側の贈与税の発生の有無にあると考えます。これについて検討した結果が下記の通りでありますので、お尋ねに対する回答とさせて頂きます。

1. 譲渡所得の金額

①売買金額の妥当性　路線価格から逆算すると○○万円は少々割安な感じがするが地価はいまだに下がり続けており、また売主側より売却したい意向があったとのことと、単独での処分が難しい共有部分の売却であることを勘案すると、妥当な金額の範囲に入ると思われる。

②原価　土地建物と共に契約書、領収書等が見つからないとのことですが、土地は平成○年○月○日当時坪○○万円で買ったことを○○氏が記憶しているとのこと。建物は平成○年○月○日約○億円で新築したとのことです。合計約○億円で○億○○万円を借り入れて○億○○万円を現金で支払ったことも記憶されているとのことです。これに従い原価を計算すると、

（イ）土地　○○万円 ÷3.3×○○㎡ ×7／20=○○万円

（ロ）建物　○○万円　全て木造と仮定しても（一部は鉄筋コンクリート造）耐用年数、居住用33年

減価償却費　○○万円 ×3／10×0.9×0.031×15年=○○万円

○○万円−○○万円=○○万円

（ハ）（イ）+（ロ）=○○万円

③譲渡所得の金額　①−②=△○○万円

よって売主は申告する必要がないと考えます。

2. 低額譲渡に該当するかどうか

上記1でも述べた通り、売買金額の時価としては少々割安な感じがあるが、売買金額の決定のための特別な事情が認められるため、時価として妥当な金額の範囲に入るものと考えます。

土地路線価　○○万円 ×○○×7／20=○○万円

建物固定資産税評価額　○○万円

合計　○○万円

なお、支払い方法については売主、買主の合意事項であり契約書の効力は有効と考えます。

もちろん、契約書通り支払うことは当然であります。

埼玉県志木市本町4−14−2
税理士　鳥山昌則

法定調書の調査

毎年1月末日までに税務署に提出することになっている「法定調書」。その名のとおり〝法定〟ですから、必ず提出しなければいけません。

給与所得の源泉徴収票、報酬料金の支払調書、使用料（家賃）の支払調書、退職所得の源泉徴収票……なかでも**「不動産の譲受け」と「あっせん」の支払調書は、提出漏れがあると法定調書の調査となり、税務署が来ることがあります。**

たかが法定調書ぐらいと思いがちですが、税務署にしてみれば大切な情報源です。担当部門は個人課税（部門）ですが、資産税部門が応援に来ます。

当事務所の顧問先にも、調査に来たことがあります。このときは上席と若手の2人で調査に来ました。

特に不動産業者の場合、前述の2つの調書は必ずあるはずとにらんでいますから、要注意です。来る以上は半日程度、根掘り葉掘り聞かれます。そのときに返答できないものがある場合には、税務調査に移行することもあり得るでしょう。

消費税対策

消費税及び地方消費税（以下、消費税等という）は現行8％、それが10％になり15％になることが予想されます（平成28年9月現在）。

私の予想では、住宅、車などの高額商品は消費税等が上がる前に買っておこうとする「駆込み需要」で堅調でしょうが、その後の反動で大幅マイナスになると考えています。大企業は、この波に乗れるかもしれませんが、中小零細企業は今でも8％を価格転嫁できていないところも多く、倒産廃業に拍車がかかることになるでしょう。

そこで、手をこまねいていては、中小零細企業の社長は務まりません。しぶとく生き残り、勝ち残っていかなければならないのです。鳥山会計も「運命共同体」として様々な方法をご提案いたします。

消費税対策を要約すると、次のようになります。

①得意先に対して、消費税等をしっかり別途請求させていただくこと。

10％もかぶっていては、倒産必至です。消費税分値下げさせられるという話もよく聞きますが、まずはしっかりと踏みとどまり、10%別途請求させていただくことで、得意先とは値段交渉で正々堂々と勝負させていただきましょう。そのためには、**御社の強みを磨き上げ、生産性を絶えず向上させて、値段でも勝負できる体制をつくる必要があります。**

②給料賃金、労務費を外注化すること。

免税制度、簡易課税制度のあるうちですが、給料賃金、労務費を外注化することで、消費税込の経費（課税仕入）をつくることができます。

この方法としては——、

・人材派遣的な法人の設立……この場合の注意点は、実質的に会社が存在するかどうかになります。

・雇用契約から請負契約への変更……この場合のやり方としては、2人か3人を一組にして親方へ外注費を支払い、その親方が給料を支払う方法をとると万全です。しかし、なかなか実務上難しいのが現状です。**請負契約書を作って、消費税等の記載をし、歩合的な報酬支払いにして、請求書・領収書（振込の場合、領収書は不要）をしっかりやりとりすることで何とかできます。今の給料を税抜きにして消費税等を加算するやり方が万全です。**

——などが考えられます。

インターネット取引業が狙われている

税務調査のシーズンに税務署へ行くと、調査に出る部門は出張中でガランとしています。そんな中、一人の若者からホームページを見たと、鳥山会計に問い合わせがありました。

彼の自宅へ送られてきたのは「税務署からのお尋ね文書」。平成25年分からの所得税について、お尋ねしたいことがあるので指定する日時に税務署へ来てほしいという内容で、個人課税部門の担当者名と電話番号があります。

通常お尋ねは、自宅を買ったときなど不動産を購入した場合によく送られてきます。内容は購入資金の明細などを記入するもので、贈与などの申告漏れがないかを探るものです。

この場合のお尋ね文書には、返答しないのが基本です。税務署から書類が来たら、皆さんドキッとするものです。私も同感です。しかし、返事をする義務はありません。要するに、強制力はないのです。返答して変なことを書いてしまうと、その後、呼び出しに変わって調査に移行する場合があります。「飛んで火に入る夏の虫」になってしまいます。

今回のケースはどうでしょうか？　日時を指定して来てほしいとあるので、いきなり呼び出しです。しかも、5年分をお尋ねしたいとあるので、事は深刻です。

若者本人はその期間、大学在学中と社会人になりたての頃で、インターネットオークションでカード等の販売をしていたといいます。小遣い稼ぎで始めたとのこと。通帳の入金を合計すると、多い年で1000万円を超えています。本人は年間100万円まで儲かっていないと言うのですが、支払った領収書を捨ててしまっているため、仕入と経費の証明ができません。

民主商工会（民商）にも同時に相談していると言います。私は、まず「民商で税務署へ一緒に行ってもらうといいですよ」と伝えました。それがダメなら再度、電話をもらい、会って打ち合わせしましょうということにしました。民商の対応は事務局長が会ってくれて、話を丁寧に聞いてくれたようですが、自分一人で行って儲かっていないことを説明すればなんとかなるということでした。

このとき私は、一人で行くのが不安でいっぱいの彼の気持ちに応えきれていませんでした。私は事務所で本人から経費のヒアリングをして、書き出すことにしました。
・自宅の家賃は？
・仕入の率は何パーセント？
・運送料は？
・通信費、交通費、アルバイト料は？

・パソコン代は？
・交際費は？………等々です。

そうすると確かに儲けは１００万円まではいかないのです。これをまとめ上げ、２人で税務署へ行ってきました。

担当の上席はある程度お尋ねの理由を言ってくれました。インターネットオークションやＦＸ（外国為替証拠金取引）を行っている人は資料が税務署に回っているようで〝重点調査対象業種〟になっているようです。

税務署へ行った結果は、「5年分の通帳が揃っていないため、銀行に依頼して取り寄せて、鳥山会計でまとめてください」ということになりました。鳥山会計を信用していただけるということになったのです。合理的であれば、領収書がなくても認めてもらえることになりました。

注意

この場合、注意していただきたいのは、お尋ね文書は「税務調査にはなっていない」ということです。お尋ね文書が来た方は、税務署へ連絡したり、行く前に鳥山会計へご連絡ください。もちろん、ご相談は無料です。税務調査に移行する前に修正申告や期限後申告を出せば、「原則、加算税はつかない」のです。

後日、この「インターネットオークション」をしていた若者から、次のようなメッセージをいただきました。

＊

私は数年前からインターネットで稼いでいた分の確定申告をしておらず、ある日税務署からお尋ねの通知が届きました。

元々趣味の延長で行っており帳簿もつけておらず、領収書もとっておらす、途方にくれていた所、鳥山会計を知りお願いしました。

初回の相談から本当に親身になって相談に乗っていただき、お会いする前は不安で夜も眠れない様な状態でしたが、相談後は心強い先生の言葉もあり、安心してお任せすることができました。

申告についても税務署と交渉していただき、経費等全面的に認めてもらい無事決着しました。

確定申告をしていなかった方、税務調査やお尋ねが届いた方は鳥山会計へ相談すれば間違いないと思います。

私の様に、鳥山先生はじめ、所員の方々が、必ず力になってくれると思います。

私は鳥山会計へお願いし、本当に良かったと思っています。

川越市 H・I

メッセージをどうもありがとうございました。お客様に安心を提供し、喜んでいただけました。

生命保険についての呼び出し

生命保険金についての考え方ですが、一般の人と税法ではものすごくズレていることを感じます。

この事例は、埼玉県内の税務署から、兄弟3人にそれぞれ呼び出し状が届いたことが発端です。内容は長男と三男は贈与税について、次男には所得税についてでした。

兄弟は、平成25年に父親を亡くし、生命保険金約3000万円を取得していました。それより前の平成21年頃には母親を亡くし、この際、生命保険金約1000万円は父が取得していたとのこと。父の保険金は、当初、被保険者・契約者は父、受取人は3分の1ずつ兄弟となっていました。この段階で父が亡くなれば「契約者＝保険料負担者」と考え、相続税の分野になります。

この場合、相続税の基礎控除は現在、相続税法上〔3000万円＋法定相続人数×600万円〕なので4800万円まで無税となります。生命保険金は、相続人1人につき500万円の控除があるため、〔3000万円－1500万円＝1500万円〕の評価になり、他に財産がなければ、相続税の申告も不要です。

ところが父親が病気がちで収入もなく貯金も底をついたため、生活保護を受けたいと考え始めたそうです。そのことを生命保険会社の代理店に相談しました。代理店は、契約者が父親のままだと保険料を負担できるのだから、生活保護を受けられない可能性があるとのことで、名義上の契約者を父の面倒を見ている次男に変更することとしたらしいのです。税金のことなど全く考えずに……。

その後、10カ月くらい後に父親が亡くなり、生命保険金が次男におりて3分の1ずつを兄弟に分けたわけです。

では、どうして税務署から「贈与税」「所得税」の呼び出しが来たのでしょうか?

次ページの表を見てください。

次男が保険料の負担（契約者）をして父が亡くなると、所得税の一時所得となります。この場合の税金は、〔(収入金額－その収入を得るために支出した金額－50万円）×1／2＝一時所

契約者・被保険者・受取人の関係と税金の種類

契約者	被保険者	受取人	税金の種類
父	父	子 （長男・次男・三男）	相続税
次男	父	次男	所得税
次男	父	次男	所得税
		長男・三男	贈与税

得の金額〕となり、これは他の所得と総合課税されます。他の兄弟には、次男から受け取ったことになるので、次男から他の兄弟への贈与となり、贈与税となるのです。

ご理解いただけましたでしょうか？

ちなみに、この場合の税額は、3人で1000万円近くになります。最悪の事態です。当然、「なんとかなりませんか？」と、すがりつかれます。

こうなるとまず、事実関係の調査です。「父の通帳からいつまで保険料の振替がされているのか？　その後の振込みは誰の名前でいつからいつまで行われていて、その原資は何から出ているのか？」を把握しました（この把握が大切です）。

その結果、父親が実質的に保険料を負担していたことが判明したことから、当該税務署へ行き、担当者に会い証拠を提示しました。

成果

すべて相続税の分野であり、相続税の基礎控除以内のため、申告不要であることを伝えて、納得してもらいました。めでたしめでたしです。この場合の鳥山会計の報酬は、相談料、調査料、立会い日当込みで10万円(税別)です。

＊

親子間の不動産売買の注意点

親子間の不動産売買に関するお客様からの、ありがたいご感想を紹介します。

昨年、父親が所有する住宅の宅地建物の共有部分を、息子である私に売買するとして登記をしたのですが、今年1月になって、私宛に「お買いになった資産の買入価額などについてのお尋ね」が税務署から送られてきました。私はびっくりし、不安になりました。その理由は、売買として登記したのですが、実際にお金を払っていないのです。

文書には、「平成26年1月28日までに御回答ください」とあります。私は、知人に相談し、その知人の会社の顧問税理士の鳥山先生に相談することになりました。

鳥山先生のアドバイスは次のようなものでした。

①実際にはお金を払うので、贈与ではないことを主張すること。

②売買契約書を作成し、売買金額を決めて、支払いは分割払いの契約とすること。収入印紙はきちんと貼付すること。

③売買金額は安いほど支払う方（息子の私）は良いが、時価としての最低金額を理論武装すること。

④父の譲渡利益が出ないかを知るため、取得費用を捉える必要があること。

結局、売買契約書を作成し、時価は鳥山先生に算出していただき取得費用をお伝えして、先生から「お尋ねに関する回答書」**（85ページ参照）**を提出していただき3カ月を経過した現在、何の問題も言われていないのでホッとしています。

＊

不動産購入に関する税務署からの「お尋ね」文書の例

平成○年○月○日

住所
氏名　　　　　　　　　　　　様

○○税務署長

お買いになった資産の購入価額などについてのお尋ね

税務につきましては、日ごろからご協力をいただき篤くお礼申し上げます。

さて、税務署におきましては適正・公平な課税の実現のため、日ごろより各種の資料情報の収集に努めております。

つきましては、御多忙のところお手数ですが、先ごろあなたがお買いになった下記資産（不動産・有価証券等）の買入価額などにつきまして、同封の「お買いになった資産の購入価額などについてのお尋ね」の照会事項のうち、該当する項目に必要事項を御記入の上、下記の期日までに御回答下さいますようお願いいたします。

なお、書き方などについてお分かりにならないことがありましたら、当署資産課税（担当）部門にお問い合わせください。

記

所　在　地	種　類	細　目	面　積（㎡）

上記以外の資産で同年中に買い入れられたものがありましたら追記した上、併せてご回答ください。

◎回答書は同封の返信用封筒により、なるべく平成○年○月○日までに御回答くださいますようお願いいたします。

＊この依頼は、御理解とご協力により提出をお願いするものです。

お問い合わせは、音声案内にしたがって、
「2」番（税務署）を選択してください。

電話
資産課税（担当）部門
担当者

●鳥山より

このご相談者の父上はその後、残念ながらお亡くなりになられました。この場合の不動産の代金の未払い分は、子に対する未収入金となり相続財産となりますが、子がこれを相続すれば、支払い義務がなくなります。また、父の総財産が相続税の基礎控除の範囲内であれば、相続税も課税されません。

契約書を作ろう

私はかつて、某法人を少額訴訟で簡易裁判所に訴えたことがあります。鳥山会計の報酬約25万円（税引）を支払ってくれなかったためです。

私は自分で言うのもなんですが人情的な面があり、事務所の報酬も腹七分目八分目で相当安くしています。報酬も口約束だったり、メモだったり。ただ、契約書はお客様の方から「作ってください」と言われた場合は、きちんと作成してきました。きちんとした契約書の作成割合は20％くらいでしょうか。本当にお人好しですね（笑）。

こんな私に、衝撃的なことがありました。

知っておくべきは、裁判所は、真実かどうかを形式的な面から捉えることが多いということです。たとえ真実であっても客観的な証拠が少ないだけで、勝てないことが多いのです。「真実は必ず勝つ」なんて甘いことを考えていると、完敗に終わるのです。

25万円で弁護士を依頼したのでは割が合いません。ほぼ全額報酬と実費に消えてしまいます。私は自分のノウハウにもなると考え、自ら書類を作成し、証拠を「甲第〇号証」として提出しました。

そして、第1回目の裁判の当日（訴状を出してから2カ月近く後です）、緊張して裁判所に行って臨みました。被告は、弁護士を依頼したために通常の裁判になり、3回くらいは公判があるということで、調停員らしき人が、最初から和解を勧めてくるのです。被告に弁護士に払うお金があるなら支払えと言いたいですよね（笑）。

私が愕然としたことには、裁判官も調停員も、私の訴状に目を通していないようなのです。裁判官は私に対して、「あなたは原告なんだから、もっと証拠立てしないと負けますよ」とのたまわるのです。

私は、怒りが湧いてきましたが、グッとこらえ、やはり「餅は餅屋」かと、弁護士に依頼することに覚悟を決めました。依頼した弁護士は、まず、契約書がないだけで落ち度ですと、25万円余全額の支払いは露と消えてしまいました。弁護士業界では依頼人と契約書を作成しないだけで懲戒だとも言われました。

この点、我々税理士業界はなんとのどかなことか。費用は着手金10万と成功報酬16％と実費7000円です。弁護士と2度ほど打ち合わせをして訴状と証拠多数が出来上がりました。さすがプロ、出来ばえが分かりやすい。裁判官がこちらに傾きやすい文面です。これで20万円は獲得か？　それでもほぼ弁護士報酬と実費に消えてしまいます。私の手間代は、やはりノウハウ料だったのでしょうか……。

皆さんも、どんな業種でも契約書をしっかりと結びましょう。契約書があれば、支払わない不逞の輩もいなくなるでしょう。

「年1決算」について

最近、「年1決算」を望む法人が増えてきました。理由はやはり「料金」です。

鳥山会計でも法人がきちんと弥生会計等のソフトで月次決算までやってあれば（元帳の点検をして問題がなければ）、決算と税務申告のみを行う法人も大歓迎です。売上が年間1000万円台で10万円、2000万円台で15万円でお引受けして喜んでいただいております。

ただし、初年度は前金でお願いをしています。この場合も翌期からは、同一料金でもいいので「年2回月次決算」をすることをお勧めしています。やはりコミュニケーションをとることで、その法人の経営上のアドバイスもできるのです。

「年1決算」を依頼される法人は、当初は大抵の場合、赤字で、白色申告も多く、期限後になっていることも珍しくありません。日々の営業に疲れ果て、経理、税務申告どころではないのでしょうが、**借入れ等の際に無申告未納税では、取り返しがつかないことになりますし、会社の状況の把握もしないできちんとした経営ができるはずもありません。そうした孤軍奮闘している社長の手助け、相談相手となることも当事務所の使命と考えています。**

税務調査の傾向と対策

毎年7月10日は、税務署の異動日です。通常異動は、税務署長は1〜2年、副署長、総務課長は2〜3年、統括官は3〜4年、一般の職員は3〜5年という感じです。

その後すぐに「税務調査シーズン」開始です。税務調査は少ないに越したことはないのですが、来たからには〝正々堂々〟と納税者の皆様と一緒になって調査日数を少なく、〝追加税額が最少になるように〟厳正に対応していきます。

●税務調査の傾向と対策

①税務署の税務調査は、すべて任意調査です。調査日はあわてず余裕を持って先延ばしして決めましょう。

②異動により新任してきた税務署員はヤル気満々です。

③国税局の反面調査（税務調査に入った納税者の取引先に、問題事項の検証のために出向いて照会すること）もたまにあります。

↓たいてい事前連絡なしに来ます。協力できることはするが、できないことはきっぱり断りましょう。

④事前連絡なしの調査があります。相変わらず勘違いしているのか、事前連絡なしに事務所、自宅へ数人が来るなど犯罪捜査まがいの調査をすることがあります。

↓後日、日時を決めた調査には応ずるが、このような調査は問題がある旨を伝え、この場は帰ってもらいましょう。

右記のようなことで困ったら、すぐに〈闘う税理士〉鳥山までご連絡ください。いつでもO

Kです。出られないときは折り返して電話させていただきます。
なお、税務署員には次のことを確認してメモしておいてください。

●確認事項

①所属は○○税務署または国税局、法人か個人か、何部門か、名前、肩書き、統括官か上席か、調査官か。
↓身分証明書の提示を求める。
②質問検査証の提示を求め、法人税か所得税か消費税か源泉所得税も入るのか、調査範囲を確定させる。
③調査になった理由を必ず聞く。
以上は、**納税者の権利**です。

PART 3

直伝！不動産投資テクニック

〈税理士大家〉鳥山がお教えします！

年収1億円で相続税ゼロの不動産投資戦略

年収1億円思考や金持ち父さんになる方法論の本が、ベストセラーになっています。ロバート・キヨサキ氏の『金持ち父さん貧乏父さん』（筑摩書房刊）から始まり、金持ち父さんになりたい方々に受け入れられていると思われます。

私も話題になった本を買い求め読んでみましたが、確かに金持ちになるには、どういう性格や考え方をしている人がなっているかが分かります。自分も該当していて安心したりしていますが、考え方は分かっていても具体的に何をやったらいいのかまで、本では踏み込んでいません。

ロバート・キヨサキ氏が言っているのは、「投資信託・株などの〝あなた任せ〟なものは貧乏父さんへの道であり、賃貸不動産投資が金持ち父さんへの道だ」ということです。賃貸不動産は、投資額が何千万、何億円と高いため、借入れを必要とし、貧乏父さん思考では、できない理由を探してしまうのです。

私の事務所のお客様でも、この傾向はよく現れています。「サラリーマン大家さん」が増加していますが、１棟目は清水の舞台から飛び降りる思いで買うものの、すぐ2棟目を欲しがります。私も〈税理士大家〉ですから、そのお気持ちよくわかります（笑）。

私が金持ち父さんの道へとお勧めするのは、キヨサキ氏と同様、賃貸不動産の取得経営です。これこそが、安全確実な安定経営と財産の蓄積、生活の安定、心のゆとりを与えてくれます。

まずは1億円稼ぐことから考えよう

人生サイクルでみると、成人してから30歳までは仕事の習得と貯金に励みます。30代は仕事を充実させ、妻子、住宅を持ちます。30代後半からは不動産投資を始め、まずは本業収入の他に１０００万円の不動産賃貸収入を持ちましょう。

１０００万円の収入を上げるためには、グロス利回り（1年間の家賃合計を取得金額で割ったもの）８％として、約1億３０００万円の投資不動産を買うことになります。

良いものを得るためには、早い決断と行動力がないと成立しません。一連の流れとしては、物件情報が集まるように依頼しておきます。銀行にもあらかじめ打診しておき、情報が来たらすぐに見に行き、見たところから携帯で連絡をし、「買付証明書」を出します。この一連の流れを早くすることが肝心です。

私の経験では――、

①地震、津波、液状化の心配が少ない地域
②人口が増加している駅で徒歩10分以内
③土地の面積がそこそこある
④建物がRCの場合、建築後30年以内、木造なら15年以内
⑤グロス利回り8％以上

――というような判断基準を持っています。
最後は〝インスピレーション〟で欲しいか、欲しくないかです。
また、値段次第で縁があるかないかとなります。

次に、1000万円の家賃収入は手取り（ネット）だとどのくらいになるのか、です。
経費は――、

・固定資産税等50万円
・火災保険料（地震保険加入して）5万円
・管理手数料（集金代行5％）50万円
・掃除等電気代水道代40万円

・修繕費（入退去）50万円
・募集広告費30万円
・空室滞納50万円
・利息（〔借入金額1300０万円×1・5％×1／2〕で返済期間をならすと98万円
——で、合計373万円（差引利益627万円）です。
・減価償却費（建物が6000万円、残りの耐用年数20年とすると）300万円（不動産利益＝所得327万円）
・税金の税率合計を30％とすると98万円
・返済元金（25年返済）520万円

では、資金繰りはどうなるでしょうか？
〔不動産所得327万円＋減価償却費300万円－税金98万円－返金元金520万円＝9万円〕
青色申告にして、65万円控除の青色申告特別控除をとり、奥様に専従者給与を支払えば、55万円くらい税金を安くできます。会計事務所費用18万円を差引いても37万円のプラス、〔9万円＋37万円＝46万円〕のプラスです。ただし、ここ数年で投資物件の金額が高くなり、良い物件の利回りは10％あったものが8％くらいに下がっていますが、中古一戸建てを中心にまだまだ良い物件もあります。

これを貯蓄に回し、返済も進めていくと、1年で本業で300万円、不動産で46万円、合計346万円を貯めていけます。5年あれば1730万円を貯めて、また1億円分の投資ができます。物件が多くなるほど、手取りが増えて（税金も上がりますが、会社設立で乗り切ります）、物件購入期間を短くできます。

年収1億円に達するのは、おそらく20年以内、50歳頃には〝不労所得〟で安定収入を手に入れられます（年間利益3270万円、資金繰り460万円）。最初の借金はあと数年で返済です。大規模修繕費用は出ますが返済がなくなること（年間618万円）は、大変大きな資金繰り改善になります。

そして定年後も安定収入は続き、次々とローンが終了していくのですから、まさにバラ色の人生となるのです（当事務所発行の小冊子「あなたの人生の応援誌」参照）。

税金対策としては、法人を設立し、建物のみを法人に売却し節税する方が増えています。物件利回りの減少には、戸建て中古で12％くらい、または古いアパートで利回り10％以上を探す方も増えています。

資金繰り改善には、返済期間を長期にしてもらえる銀行があります。借入がなければ年間618万円の現金が増加します。1カ月50万円以上で、悠々自適な生活が送れます。

相続税をゼロにする裏ワザ

相続税は、預金で10億円持っている人（借金なし）の場合、配偶者、子2人で1億6000万円かかります。2次相続では1億5200万円を必要とし、合計3億1200万円となります。

これを賃貸不動産に代えると、土地建物の評価減と貸していることによる評価減合わせて約△40％となり、約6億円の評価となります。相続税は7600万円、2次相続は4900万円、合計1億2500万円で、1億8700万円も安くなります。それでも、相続税は1億2500万円もかかってしまうのです。

これを0にするにはどうするか？ そうです、不動産を借入れ（レバレッジ）してもっと多く買って賃貸するのです。

例えば先ほどのケースですと、預金を5億円残し、5億円を頭金にして残りを借入れで賃貸不動産購入25億円とするとどうなるでしょうか？ 頭金を20％とすると、（5億円÷20％＝25億円）の不動産の購入をして、借入金は20億円となります。

評価は――、

不動産　25億円×60％＝15億円
預　金　5億円
借入金△20億円
差　引　0円
――となります。
基礎控除を差引くまでもなく、相続税は0となります。
しかも年収は利回り7％としても1億7500万円、25年ローンであれば資金繰りは約2000万円です。ただし、毎年借入金返済が進むことから、残ったお金と運用益でさらに投資を増やすことで相続税0を維持しながら、優良資産を増やすことができます。
資金繰りを良くし、借入金返済を遅らせる手段として、返済期間を長くできる銀行を選択し（東京圏には3行ほどあります）、25年の返済期間を40年にすれば、資金繰りは3933万円に倍増できます。

〈税理士大家〉にお任せください

私は現在、〈闘う税理士〉として税理士業を営みながら、不動産賃貸業も行っています。そうです、〈税理士大家〉でもあるのです。

約600戸の賃貸を行っており、98・2％の入居率を誇っています。自分自身で、管理と掃除まですべてをやってきた経験を基にしています。今では、管理、賃貸仲介、売買仲介も行う会社を持って専任者も12人おり、任せてやっていける状態になりました。

投資額は、80億円を超え、50棟を超える物件（一戸建て貸家、シェアハウス、マンション、アパート、事業用ビル）を所有しております。借入金は60億円くらいです。家賃収入は約6億円。経費を差引いて利益は約2・5億円、借入返済後の資金繰り（税引き前）は約1億5000万円です。

ただし、毎年返済により借入金が2億くらい減っていくので、相続税がかかり出すのは6年後あたりです。

さらに賃貸不動産を買い増ししていきますが、これは人生の中途まで（60歳くらい）です。その後は、土地の値上がりによる利回りの低さと評価額の差が40％では追いつかなくなる現実があり、銀行からの借入れも限度があり、壁にぶつかってしまいます。

そこで落ち着いて考えてみると、古くなってきたアパート・マンションは、家賃も下がり入居率も落ち、借入金は減っていくのです。ここで、「建て替え」を借入れで行うとどうでしょう。そんなに古くないならリフォームでもＯＫです。

相続税評価は、建物の固定資産税の評価額になり、建築費の50％くらいです。さらに、貸付用ですと評価が〔50％×70％＝35％〕、なんと建築費の65％引きなのです。古い建物の取り壊しの費用約５％も差引くと70％引きになります。

リフォームの場合も、修繕なら評価０、減価償却になるものでも65％引きです。現代風の間取りにして家賃アップになり、土地の担保評価が出るので借入れもしやすくなります（銀行は建て替えには積極的に貸し出しします）。長期間の借入期間（30年〜40年ローン）で資金繰りも楽になります。相続税の節税効果も、新規取得に比べれば倍近くあります。何より物件の資産価値が上がります。減価償却費も増えて、所得税等の節税もバッチリです。60歳以後は、これで相続税０を維持していきます。

鳥山会計グループの不動産会社にて、安いが品質の良い建て替え・リフォームをお承りしておりますので、お気軽にご相談ください。

いつまで購入をためらっているのか

「不動産賃貸業を始めたいが、どうしても1件目が買えない」という方がいます。

歯科医のEさんは5年前、投資には不動産賃貸業が一番良いと思い立ち、30冊を超える不動産本を買い集め、セミナーにも参加し、勉強しました。ところが、1件目の物件がどうしても買えません。頭金はすでに2000万円以上貯まっているのにです。

Eさんと同じくFさん夫妻も、2年前から不動産投資の本を買い込み、2人してセミナーにも参加、最終的に「不動産賃貸業を始めるのが一番」という結論に達しました。しかし、未だに1件目が買えていません。

彼らは、なぜ1件目が取得できないのでしょうか？

・駅から遠い
・値段が高い
・建物が古い、汚い
・借り手がいない

・利回りが低い
・土地の形が悪い
・最寄り駅が良くない

――と、その理由はいくらでも挙げられます。

が、実は買えない理由を探しているだけではないのでしょうか？

私は、次のことを提案します。

インスピレーションが良くない物件はやめましょう。

インスピレーションが合う物件は、妥協して買いましょう。

その上で大切なことは、購入するときの基準を決めておくことです。その基準としては、次のような事項を考えてください。

①予算。頭金はいくらで、借り入れはいくらまでにするのか？
例えば頭金1000万円、借入9000万円の合計1億円まで、あるいは手持ちの1000万円までの物件に限るなど。

②首都圏か地方か？
首都圏なら利回り8％以上、地方なら12％とするなど。

③木造か鉄骨・RCか？

残りの耐用年数によって、借入返済の期間に影響がある。
④建物の用途はどうするか？
居住用アパートかマンションか、またテナントビルかなど。
⑤駅と沿線、最寄りの駅はどこが良いか？
人気のある駅が良い。
⑥駅からの距離はどのくらいか？
テナントビルなら徒歩3分以内、アパート・マンションなら10分以内、一戸建て貸家は15分以内が理想。
⑦築年数はどうか？
新築時の耐用年数は、木造なら居住用で22年、鉄筋造なら27～34年、RCなら47年。
⑧不動産の価値重視か利回りで回転重視か？
前面道路の広さが5m以上、あるいは利回りは10%以上などの条件。
⑨一棟丸ごとか区分所有か？
区分所有はマンションなどでよくある。安くて買いやすいが、管理費が高額で家賃は下がるのに管理費や修繕積立金が値上がりすることがある。やはり小さくても1棟丸ごとのほうが価値がある。

⑩水がつきそうな低いところではないか？

⑪何より貸せる物件か？

オーナーチェンジは、すでに借主がいるので、新築よりリスクが低い。

⑫「買付証明書」を発行すれば、安くしてもらえるか？

5380万円の売値に対し、ダメ元で5000万円の指値を出す。7％の値引き要請。家賃が480万円の場合、5380万円の方は8・9％、指値が通ると9・6％と大幅に上がる。売主が5200万円以下には下げられないと言うとき、検討の価値は十分にある。最近、指値が通らなくなっており、売主の方が買主より強い時代になっている（土地の値上がり）。

不動産投資で節税を兼ねる

給料が1000万円、2000万円、3000万円あるために、高額な税金を支払っている方が大勢います。そういう方からよく、「税金を安くする、何か良い方法はありませんか？」と尋ねられます。

ご本人は切実です。そんなとき私は、貯金でもなく、株でも投資信託でも金でもなく、「やはり投資不動産しかないでしょうね」と答えます。そして、仲介物件を探して情報提供をします。もちろん私自身、不動産投資で実収入を上げているプロです。そう、〈税理士大家〉です。そのプロの目から見た優良物件を紹介しているのです。

ところが、実際に物件を取得した方は少数です。大多数の方は尻込みをして、結局、買いません。

例えば次に掲げた物件は、私が紹介したものの一つです。

・東武東上線北朝霞駅徒歩10分、土地12坪、建物は木造築30年。1階ワンルーム2戸、2階ワンルーム2戸、計4戸のうち2戸空き、家賃1戸3万2000円。価格1430万円、仲介。

この不動産、あなたなら買いますか？ それとも、いつ現れるか分からない次の案件を待ちますか？

論より証拠です。まずは諸々、計算をしてみることにしましょう。

・利回り計算

3万2000円×4戸×12カ月＝153万6000円

1430万円を1400万円で買えるとして、153万6000円÷1400万円≒10・97％（単純利回り）

仲介手数料　（1400万円×3％＋6万円）×1・08（消費税）＝51万8400円
収入印紙　1万円
登記費用　約15万円
火災保険料　約1万円（1年分）
不動産取得税　約10万円（半年後くらいにかかる）
合計　1478万8400円　↓　総投資利回り　10・39％

・不動産価値
土地　坪約100万円×12坪＝1200万円
建物　100万円
合計　1300万円
借入れする場合、50％くらいは可能
借入れの費用　抵当権設定・約5万円　収入印紙・1万円
銀行手数料　約3万円
合計　9万円

・購入後の損益
賃貸募集をしっかりやってくれるが、2戸空いていて不安なため、家賃保証をしてもらう。

管理・清掃一切を任せて、想定家賃の15％引き。これで滞納・空き室の心配なし、手間いらず。

3万2000円×4戸×85％（100％－15％）＝10万8800円

10万8800円×12カ月＝130万5600円

130万5600円÷1400万円≒9・3％（単純利回り）

130万5600円÷1478万8400円≒8・8％（総投資利回り）

・**諸経費**

固定資産税　約3万5000円

火災保険料　約1万円

共用電気代　約2万4000円

税理士報酬　5万5000円（確定申告料）

差引　118万1600円（税引き前手取り額）

・**減価償却費**

建物の金額を100万円とすると——、

100万円＋建物分の仲介手数料3万7029円＋固定資産税日割り分建物分2500円

＝103万9529円

103万9529円÷4年（中古見積耐用年数）＝25万9882円

・**損益**

118万1600円－25万9882円＝92万1718円（ネット利回り率6・3％）

初年度は登記費用、不動産取得税、収入印紙が必要経費にできる。

固定資産税は、売主・買主で日割り計算を行い、買主は土地建物の取得価額に加算し、土地分は売却時の取得費に加算し、建物は減価償却費として必要経費に算入。

・**所得税等の税金**

購入した方の収入を給料のみ年間2000万円、所得控除200万円と仮定。

給与所得　1755万円

不動産所得　82万1718円（青色申告特別控除10万円差引き）

合計所得（1837万1718円）

所得控除　△200万円

課税所得（1637万1000円）

所得税　386万6400円

復興所得税　8万1100円

住民税　164万7600円

合計　559万5100円（34・2％）

不動産所得が大きくなると、個人事業税がかかることになる（利益で290万円超）。

消費税は居住用に貸していると免税だが、テナント等の事業者に貸していて、その家賃が1000万円を超えると、2期後から消費税の申告が必要。

不動産を賃貸したことにより増加した税金　36万8000円（43・6％）

・税引き後損益

56万918円（税引き後利回り率3・8％）

・手残り収入

56万918円＋減価償却費25万9882円＝82万800円（5・6％）

定期預金の利率0・03％などと比較すると、いかがでしょうか？

家賃収入－必要経費＝利益－税金＋減価償却費－返済元金＝キャッシュフロー

このような物件を会社の社長など何人かに紹介しましたが、見には行ってもなかなか手を挙げる人はいませんでした。結局、私が「買付証明書」を1400万円で出して押さえていたので、私のグループ会社で買い取りました。いつも満室で、今もシッカリ稼いでくれています。

会社で買うと、所得税等は法人税等に変わり、実効税率が400万円までの所得で約22%、800万円までの所得で約25%、800万円を超えても35%と、先ほどの個人43・6%より20%近く安くできます。

ここで、会社の社長等が買えなかった理由を考えてみましょう。

・古くて、修理代がかかりそう。
・50%が空いていて、空室を入居者で埋める自信が持てない。
・税金が高くなる。

これらのことが、なんといっても最大の理由ではないでしょうか?

私は不動産専門税理士として、自分で歩んできて良かった道をお伝えし、ご理解いただき、ぜひとも1件目の賃貸不動産を取得し、その安定感、安心感を味わっていただきたいのです。1件目を取得した「サラリーマン大家さん」は、その魅力を実感し、すぐに2棟目を取得したくなります。

まず、買えない理由をつぶしていってみてください。

古いことはやむを得ませんが、木造で30年経っていても、修理をきちんとやっていけば、あと20年は貸せます。20年あれば、土地代を含めて元が取れます。修理代は10年に1回くらい郵便ポストの交換、階段・玄関ドアの修理、外壁塗装で50万円程度です。

家賃保証をしてあげれば、空室と滞納の恐怖からも逃れられます。

土地・建物の売買金額のうち、建物の金額を合理的に大きくすることで、減価償却を大きくし、追加税額を減らし、場合によっては税金の還付を狙うことができます。

これでも、あなたは賃貸不動産の取得に二の足を踏みますか？

「投資信託」のまやかし

鳥山会計のお客様の決算書を見ていると、「貸借対照表」の「資産の部・投資」等に「投資信託」がある場合をよく見受けます。

「投資信託」とは、証券会社等が国債、債権、株式等に分散投資をする一種の有価証券です。国内外の投資商品を問いません。特徴は、小口で投資がしやすいことと、銀行が窓口になっているので窓口が身近であること、分散投資なので比較的安心感があることなどです。ただし、もちろん元本保証商品ではありません。近年、銀行が勧めてくることが多いので、元本保証商品と勘違いされているお客様が多いのです。

例えば、「財産3分法ファンド」などです。やっかいなのは、分配金と称して毎月いくらかの振込み入金があることなのです。分配金には2通りあり、「普通分配金」と「特別分配金」があります。「普通分配金」とは運用成績が良い場合に配当を出すタイプで、我々が普通に考える「分配金」としての儲けです。当然、税金がかかります。税金が源泉徴収されていますから分かります。

問題なのは、「特別分配金」です。報告書を見ると「非課税」とされています。税金が源泉徴収されていません。なんだか知らないけど、「分配金」だから配当なんだろう。信託元本が大きく割れて50%以下になっていても、配当をもらっているんだから仕方がない――そう考えていると、最悪の事態になっているのです。

こんなケースがありました。

9月期決算で、当該会社は利益が相当計上されたため、節税を考えました。投資信託の評価損の計上を検討したところ、投資金額1000万円に対して、9月末評価額が約400万円のため、50%超の値下がりの場合に適用しなくてはならない低価法（強制）を適用し、約600万円の評価損を計上することで節税を図ることになりました。

私が銀行の報告書を見たところ、「特別分配金」があることに気づき銀行にも問い合わせ、再検討をしたのです。「特別分配金」の正体は何だと思いますか？　実は、昔よく流行った〝タコ足配当〟なのです。タコが食うに困ると自分の8本の足を次々と食べて飢えをしのぐたとえです。要するに元を食っているのです。

「特別分配金」は、実は〝元本払戻金〟なのです。当然、非課税どころではなく、元本の戻しなのですから、税金などがかかる訳がありません。配当金と思って喜んでいたら、元本の払戻金だったのです。

その会社は配当金と思い込んでいたので、「受取配当金」として長年申告し、税金も払ってきてしまっていたのです。毎月、通帳に「特別分配金」という名で振込みがあるのですから……。経理の人も報告書を社長が見せてくれなければ分からないので、無難な経理処理をやってしまうのでしょう。結果、必要もない税金を支払うハメになっているのです。

この場合の正しい処理は、投資信託の元本を過年度にわたって減額し、「受取配当金」を過年度にわたって益金を減らし、減額後の元本と決算期末の評価額とを比較して、評価損の計上の可否を再検討することになります。結果、評価損は評価額の元本の50％を割っていなかったため、見送らざるをえませんでした。

結局、過年度の受取配当金を減額したのですが、評価減の減額の方が大きく、税金は１００万円くらい増加してしまいました。しかし、その会社の社長の判断は「正しい処理をしよう」となりました。さすが優秀な社長は違います。

ちなみに、私も以前、「財産3分法ファンド」を銀行に勧められて投資したことがあったのです。しかし、すぐに「特別分配金」のまやかしに気づき、即座に解約しました。そんな経験があったので、このケースでも対応を間違わずにすみました。

銀行には、証券会社から多額の手数料が支払われます。よって、最初から元本割れなのです。元本がどんどん減って単価が下がっているのですから、単価が戻っても元本まで戻りません。つまり、儲けられるチャンスはどんどん減っていくのです。しかも税金まで、勘違いして余分に払っているとしたら……。これは罪です。

まやかしの言葉はやめて、「特別分配金」は「元本払戻金」と訂正すべきですし、投資家は「元本」を毎月払い戻すことなど望んでいないと思うのです。始めるときにしっかりと説明すべき重要事項なのですから、投資家を迷わせるような紛らわしいことはやめてほしいのです。私が解約した銀行には、厳しく伝えておきました。

〈税理士大家〉による太陽光発電の研究

節電・原子力稼働が大きく論議されています。中でもクリーンエネルギー・再生可能エネルギーの代表格である「太陽光発電」について、皆様どのくらいの知識をお持ちですか？

鳥山会計のグループに「東京エネルギー企業組合」がありまして、10年余前から青木理事長と吉川さんの2人のスペシャリストが、太陽光エネルギーの設置営業に尽力しております。そしてこの度、私も所有アパートの「ハイネス清瀬」「池袋の慶愛ビル」ほかに設置することにしました。優良なビジネスであると確信したからです。私も「これから太陽光発電ビジネスの道にも突き進もうと」考えています。結果、4000万円分設置しました。

そもそも日本で太陽光パネルを設置しだして約16年、主に家庭の屋根に設置することで今まではきました。これは国と自治体の補助金が出るのが家庭用から始まったためです。それがアパート・マンション等も補助金の対象になってきています。

さらに2012年7月から、「全量買い取り制度」がスタート。買取価格もここにきてハッキリとしてきたことと、何よりもパネル等の価格が大幅に下がり始めたことで、一挙に大規模設置のメリットが出てきました。今では、広い山林や原野などに設置する「野立て」が主流になっています。

2020年までに全電力需要の50%を再生可能エネルギーで賄い、2050年には日本のすべてのエネルギーを賄うことが可能となり、25兆円の化石エネルギー輸入代金のすべてが浮く（『経済界』2012年5月8日号「再生可能エネルギーの新しい経済学」より）という、夢のような話が現実化するのです。

もちろん原子力の〝げ〟の字もありません。しかし、この話は理想の話だったようですね。

日本政府は原子力をどうしても捨てられないようです。

話を元に戻し、それなりに身近になった太陽光発電システムをビジネスとして考えた場合、果たして採算がとれるのか？　メリットは？　注意点は？　税金は？……など、〈税理士大家〉として検証した結果を、次にご報告します。

まず、実例として「ハイネス清瀬」を例に、利回り計算をしてみましょう。


投資利回り＝（年間売渡金額＋自家消費金額）÷投資総額（導入費用－補助金総額）

・**太陽光発電システム**
メーカー：シャープ
発電容量：5600kW
モジュール数：東面10枚・西面20枚・合計30枚
工事期間：発注後1カ月
使用期間：25年

出力：90％
メーカー保証：10年
支払：現金（参考＝クレジット払い15年／年利2・9％）
導入費用：260万円（消費税込）
補助金：国26万4600円、東京都57万円
売電＋自家消費分：21万5040円（年）

・賃貸アパート

名称：ハイネス清瀬
家賃：1戸当たり約5万円
所在：東京都清瀬市
交通：西武池袋線清瀬駅徒歩約10分
建物：木造2階建て、築年数10年、ワンルーム8戸、現状満室

投資利回り＝21万5040円÷｛260万円－（26万4600円＋57万円）｝＝12・18％

●賃貸不動産に設置したときのメリット

①25年間10％以上の利回り保証。家賃相場のように変動せず、想定通りの収入が見込める。
②賃貸不動産としてのデメリットである駅からの距離は関係なく、滞納もない。
③アパートを売却するときに、自動販売機と同様、売却分を利回り計算に入れることができるので、資産価値が上がる。売電が20万円（年）だとすると、〔20万円÷10％＝200万円〕で、200万円以上売却価格が上がる効果がある。
④8年余りで元が取れ、③でさらに儲けとなる。
⑤屋根にパネルが載るため、最上階の部屋は断熱効果が上がる。
⑥地球環境や社会に貢献する。

●注意点

①25年以上壊れない建物であること（築後20年以内が望ましい）。
②10年に1回は、部品交換を要する。当初設置金額の10％程度とのこと。
③南・東向きの屋根で最低限の広さ（部屋数でワンルーム五戸以上）を要するため、全アパート・マンションの30％程度が対象となる。

● **税金面**

①個人でアパート・マンション経営を行っている場合、収入は不動産所得に加算。設置費用は補助金を差引いた残額を減価償却（耐用年数17年、定率法採用可能）。

②個人でも事業を行っている店舗・事務所の屋根に設置した場合は、「グリーン投資減税」により30％特別償却か、7％の特別税額控除の選択適用ができる（青色申告が要件）。

③法人でアパート・マンション経営を行っている場合は、すべて事業を行っていることになり、「グリーン投資減税」（注）が受けられる。

（注）グリーン投資減税とは、最新の技術を駆使した高効率な省エネ・低炭素設備や再生可能エネルギー設備への投資（グリーン投資）を重点的に支援する「環境関連投資促進税制」のこと。平成28年現在、太陽光発電設備はその対象から除かれています。

● **節税対策**

管理法人で太陽光パネルを設置すれば「グリーン投資減税」が受けられ、節税できます。「ハイネス清瀬」の場合、7％投資税額控除をとれば（176万5400円×7％＝12万3578

円〕、税金を安くすることで投資を回収できます。

では、「ハイネス清瀬」の2倍規模のマンションに設置した場合はどうでしょうか？

・太陽光発電システム

メーカー：シャープ

発電容量：1万1400KW

モジュール数：南東面60枚

導入費用：400万円。内訳〔500万円－パネル部品の値引き100万円（規模の利益）〕

補助金：なし（国の場合、全量買取制度適用の場合は対象外。埼玉県の場合、自ら居住する住宅のみ対象）

売電：47万400円（年）

・賃貸マンション

家賃：1戸当たり約4万円

所在：埼玉県富士見市

建物：鉄筋鉄骨陸屋根5階建て、築25年、ワンルーム46戸、現状満室

投資利回り＝47万4００円÷4００万円＝11・76％

節税対策

減価償却方法を定率法にして資金回収を早め、7％投資税額控除をとることにより、（400万円×7％＝28万円）、投資を回収できます。利回りは12・6％に上がります。

まとめ

以上の研究・考察から、利回り・投資効率・安全性と申し分なく、太陽光発電をアパート・マンション経営に取り入れることは今後のビジネス戦略上必須と考えます。鳥山としては、これからどんどん屋根に取り付けていきます。

アパート・マンションに取り付ける太陽光に興味がある方は、鳥山までご連絡ください。「東京エネルギー企業組合」では、自然再生可能エネルギーである、太陽光パネルの設置を推進するため、営業する業者を募集しています。

これから起業したい人も丁寧に教えて独立できるまで応援します。設置取り付け業者も大歓迎です。どしどしご応募ください。「東京エネルギー企業組合」は鳥山会計のグループですから、メール等での問い合わせも受付けします。もちろん安い、早い、正確で感じ良くを実践しています。

サラリーマンを辞め、自由を獲得する人が増加中

昔は、サラリーマンは気楽な稼業と歌われました。が、今は昔、給料は保証されているわけではなく、配置転換、出向、倒産、病気による休業退職など心配に事欠きません。何より、上下関係の気遣い、いやがらせ、パワハラ、残業、仕事の適性と枚挙に暇《いとま》がありません。うつ病になり失職する人も増えていますね。

私も税理士業で経営者を長年やっていますが、経営者とて明日に確実な収益が上がる保証もないし、突発的な事故でもあって突然に売上が0になる恐怖に苛《さいな》まれています。売上、利益の拡大のワナにはまって手抜きや事故、偽装などが相次いで発覚しましたね。こうした会社は、社会的責任を負わされ破綻していきました。ここには、経営者もサラリーマンもその家族もいたのです。

しかし、このような世の中でも、自分の置かれた立場を分析・研究し、コツコツとお金を貯めて不動産投資をすることで「経済的自由」「精神的自由」「時間的自由」を手にする人が出てきています。

先日、池袋事務所でお会いした40代のGさん。埼玉県北部でサラリーマンをやっていたのですが、今年3月末日をもって退職したとのこと。今後は、本を書いたり、セミナー講師をして、これまで自分が実践してきたことを世の中の多くの人々に知ってもらい、これに倣ってほしいと意欲満々です。

Gさんは、一体どうやってこの自由を掴んだのでしょうか？

Gさんの場合は、やはり不動産投資でした。埼玉県北部はまだ土地が安く、駅から離れたところでは300万円くらいで30坪くらいの土地が手に入ります。これに建物を新築したのでは1000万円はかかり、割が合いません。

そこで、中古（古い）一戸建ての物件をじっくり探して、300万円～400万円で取得するのです。傷んでいれば直しに100万円くらいかけてリフォームし、原価400～500万円になります。家賃は月約5万円、年間利回りは15％くらいになります。

一戸建てのメリットは、ペット可などにできることと固定資産税、清掃代などの維持費が安いことです。Gさんはこれをコツコツと繰り返して、ご夫婦でなんと30戸は持って貸しているのです。しかも、ほぼ満室で自己管理です。サラリーマンをやりながら、契約して購入し、直して賃貸して、さらに滞納などの管理まで、よくぞやり遂げてきたものです。

30戸×5万円＝150万円
経費が20％で30万円／月、返済が50万円／月
残りが70万円／月、年間840万円で、会社をリタイヤしても十分やっていけます。
Gさんは税金が約200万円、節税が大切と気づきました。そして賃貸仲間である私の顧問先Hさんに私のことを聞いて、相談に訪れたのです。今後もますます賃貸物件を増やしていきたいGさん、節税のキーワードはもちろん法人化です。
Gさんの所得レベルに達すると――、
①新しく購入する不動産はすべて法人で所有する
②Gさん個人で所有している物件も順次法人（会社）へ売却する
――という手法を用います。
個人の高い税率（最高58％）を会社の低い税率（25％）へ移行させるのです。会社も1社ですべて買っていくと、利益（所得）が年800万円を超えた分は税率が10％上がるので、もう1社設立することで対処していきます。

私が実際やっているので、Gさんは即刻納得、当事務所の顧問先になっていただきました。

サラリーマンの副業禁止

会社の就業規則に、副業をすることを禁止している規定が95%以上の会社にあります。
不動産賃貸業をやって副収入（不動産所得）があると、副業禁止規定上問題になるのでしょうか？

副業を禁止する理由には――、

①労働時間外に時間と体と頭の労力を使うことにより、本来の自社の業務に支障が出ることを防止する

②自社と競合する会社に就労するなどしてライバルの手助けになることや、情報漏洩を阻止する

――などのことが挙げられます。

不動産賃貸業は、副業禁止のこの2つの目的に照らしてどうでしょうか？

①については不動産の取得の際、多少の時間と労力と頭を使いますが、その後は管理会社に

任せておけますし、任せなくても清掃や管理は趣味と同程度の労力と時間を費やす程度です。また家業である農業や不動産賃貸業の手伝いをしても別に問題にはなっていませんよね。暗黙の了解もあるのです。

②は論外ですよね。やるわけがありませんし、不動産賃貸業は該当しません。

私のところに相談に訪れる大多数のサラリーマン大家さんが心配している「副業禁止」――結論は大丈夫です。不動産賃貸をやって一度もクビになった、問題になったということは聞いたことがありません。

ただ、注意してほしいのは、そうはいってもサラリーマンの世界、「ねたみ」「やっかみ」はつきものですよね。口外しない方が無難です。確定申告をする場合もバレない裏技が数多くあります。会社の設立についてもです。相談無料、土日営業の鳥山会計へご相談ください。

キャッシュフロー大改善に成功

先週の木曜日と金曜日は、私にとって「関ヶ原の合戦」でした。

私の従来のキャッシュフローは、次の2つの要因により大変苦しいものがありました。資金繰りを任せている女性職員泣かせの毎月でした。

1．税金が高いこと

個人の税率が最高税率に達していました。

給与所得＋不動産所得＝8000万円（課税所得）とすると――。

所得税　8000万円×45％－480万円＝3120万円

復興税　3120万円×2.1％＝66万円

地方税（都区民税）　8000万円×10％＝800万円

事業税・不動産所得分　5000万円×5％＝250万円

合計　4236万円

なんと53％もの税金を払っていたのです。しかも、ほとんどの税金は経費にできない税金です。「税理士の私がどうして？」って思われるでしょうね。当然、私も最大限の節税の限りを尽くしています。

50億円の賃貸不動産の原価のうち30億円が個人の所有になっており、家賃収入が3億円で減価償却費、固定資産税、支払利息等の経費を差引き、家賃収入の20％の管理費を自分の会社に支払っていても、不動産所得が5000万円にはなるのです。

では、「どうして不動産を個人で買ったの?」と思いますよね。会社の方が税率が安いのにって。その通りです。しかし、それができなかったのは、銀行の融資が個人の方が出やすかったためです。当時の銀行は、実績が少なく、売上が少ない会社には融資するのが難しいと考えていました。

2. 毎月の返済金額が多いこと

私が20歳で上京したときは0からのスタートでしたから、当然土地は持っていませんでした。中古ばかりを買い進めてきたので、返済期間は耐用年数の残りいっぱいまででした。

例えば鉄筋造のマンションの場合、住宅の法定耐用年数は34年ですが、20年経過していると残り14年です。この期間での返済期間でしか借入ができなかったのです。

当然、返済期間が短いため、返済額が増えます。利息を加えると8%くらいキャッシュフローを必要とします。家賃収入利回りがグロスで10%あったとしても、固定資産税、修繕費等の経費を支払うと、キャッシュフローは0以下となります。

これを30億もやっていてはたまりません。今年の確定申告の第3期分の所得税復興税は1600万円超でした。これを信用金庫に頼んで1年返済で借入れして支払っているようでは、私が税理士でありながら最悪の場合、「黒字倒産」「自転車操業」に陥る可能性が見えてきました。1カ月2500万円も返済していましたから。

1回でも税金や銀行の返済の支払いが滞ってからでは取り返しがつかないことになります。二度と借入ができなくなるのです。私は顧問先がそうなってしまった方をたくさん知っていますから、こうした場合の打開策は、不動産物件を売却して資金をつくって返済を軽くすることが一般的です。でも私は欲張りなので、気に入った物件はそのまま保有賃貸しながらキャッシュフローを大幅に改善する方法がないかと考えてきました。

今年になって、私は一計を案じました。そして結論に達しました。これは、返済期間を長くしてもらえて、私が作る会社に融資をしてもらえる銀行さえあれば可能になります。欲をいえば、手数料も安くて金利もそこそこであれば願ったり叶ったりです。

私が2年前に、埼玉から東京に出てきたことが幸いしました。願いを叶えてもらえる銀行が見つかったのです。スキームは次のようなものです。

①私が保有する30億25棟の物件のうち、今年の1月で所有期間が5年超の物件を選別する。
　15億10棟が該当。長期譲渡所得で20・42％の低税率になる。
②銀行の支店長、担当者と綿密な打ち合わせをする。
③不動産鑑定士に簡単な「意見書」を作成してもらう。ポイントは、時価の一番高いところの

金額、経済的耐用年数を長くしてもらうこと。さらに、建物の金額を最大限大きくしてもらうこと（減価償却費を多くし、消費税還付も大きくなる）。

ちなみに、時価は22億円（購入金額15億円）、経済的耐用年数はＲＣで70年だから、残りの返済期間は30年から40年とものすごく長くなる。

④1棟1社の合同会社を設立する。資本は10万円で、私が代表で子供を役員と株主にすること で「相続対策」であることを強調。1棟1社にするのは、会社の税率も利益が400万円以下21％、800万以下25％、800万超は35％だから、一番安い税率を狙ってのこと。均等割1社7万、10社で70万毎年払っても十分価値がある。

会社名は「物件名＋とりやま」。息子に事業系のビル、マンションを6棟、娘にはアパート、マンション系を4棟。

⑤個人が売主、会社が買主の売買契約書を10通作成する。消費税還付を狙い、居住用物件は「金の売買を繰り返す方法」に合うように、居住の家賃発生を遅らせて、課税売上を先行させる。収入印紙節税のため、原本は1通。

⑥銀行に10社の通帳を作る。この銀行は信用金庫なので、出資金を支払う。配当は1年で4％と悪くない。

⑦忘れてはいけないのが、既存の借入先銀行にも伝えておき、チャンスを与えること。結局

5行のうち対応できたのが地銀1行。この地銀の融資条件は、時価の満額、返済期間RCで30年、金利0・9％と最強。3物件をこの地銀に委ねる。

ちなみに、7物件を託した信金の条件は、融資金額は時価の81％、返済期間RCで40年、金利1・4％。


私の場合、運転資金も物件を共同担保に出して1億円くらい借入していたので、これも一緒に借り替える必要がありました。こちらも一本化して10年返済にしてもらいました。キャッシュフローは1カ月600万円、年間7200万円、大改善です。税金を入れると、年間9000万円は改善されます。

本当にこんなことができるかと心配していましたが、両行ともOKがとれました。木曜日、金曜日は私にとってまさに関ヶ原の戦い、手が痛くなるほど住所と名前を書きました。良いスタッフに恵まれ、銀行と協力し乗り切りました。

手元に約10億円残りました。約2億円は譲渡所得税を来年4月20日頃に払わないといけないので、地銀に3カ月定期をしてあげました。預金担保が約1億5000万円ありますから、動かせるお金は6億5000万円、信金に3億円定期をしてあげました。もちろん、支店長と担当者は大喜びです。

私は課税事業者なので、来年4月に消費税を6500万円くらい納税しますが、10社で消費税還付を取り戻しますから、もらってから支払うということになります。

今後の目標を、次のように設定しました。

①残り15億円分10棟も毎年長期譲渡になり次第、設立した会社に売却することにより、絶えずキャッシュフローを良くする。

②個人の不動産が減って、現金預金が増える。

←

多額の相続税がかかる。

←

相続税対策のために、新たに賃貸不動産を取得する。

・物件は、都心から徒歩5分以内の良いものに限定。時価と路線価に大きな開きがあるので、大幅な相続税対策になる。

・利回りが6%以上のものにする。返済期間を長くできるので、単体でキャッシュフローが出るビルが多い。

←

消費税還付がやりやすい。

③50億円を個人でじっくりと購入する。

投資方針としては、買い付け証明書で書く金額はグロス利回り6～7％を目指し、妥協をしない。

イギリスのＥＵ離脱問題、中国ショック、トランプ大統領の誕生（？）などリーマンショック超えの経済恐慌の発生もあり得る。

←

不動産大幅下落による不動産購入の大チャンスを逃さない。

・現金を保有する。

・銀行づきあいを良くしておく。

・不動産業者づきあいを良くしておく。

これにより、当面の目標は、個人が50億円、法人で50億円、合計１００億円、家賃収入毎年8億円でキャッシュフロー潤沢という夢のような状況を目指します。近いうちに豪華客船による世界一周旅行も実現できそうです。

ただし、もちろん税理士業をしっかりとこなし、事業承継もきちんと行っていくことが前提になります。そして、困っている個人、会社に救済の手を差し伸べる基金を作ることで、地域と日本、そして世界に少しでも役に立てることが、私の最終的な目標です。

消費税1800万円が還付された！

大手のアパート・マンション建築会社から紹介された埼玉県内のIさんが、この度めでたく1800万円余りの消費税還付金が税務署から振込まれました。

個人のオーナーが住宅用建物に支払う消費税の還付を受けることはできないと誤解されてきたようですが、私が考えた「非課税売上を課税売上にしてしまう方法」によれば簡単に還付が可能になるのです（法人のオーナー向けには「金の売買を繰り返す方法」があります）。

この方法の優れたところは、「個別対応方式」で消費税の課税仕入を計算するため、現在アパート・マンションをいくつも持っていても採用できることと、会社で建物を建てる必要が不要なため、個人オーナーの相続税節税対策と併用できることです。

ただし、一定のスキームが必要なので、建物の完成引渡しの前月までの早い段階で相談していただければ大丈夫です。

建物構築物等の金額が6000万円以上あれば、還付金額の残りが200万円以上になります。中古物件でも可能です。消費税の還付金額の60～80％は手残りになります（当事務所の手数料は成功報酬で原則28％要します。3年分申告・税務署対応含みます。税務署の調査でも、OKをもらっています）。

税金の還付は消費税還付のほか、相続税の還付、所得税等の還付とありますが、当事務所はすべてに対応できます。まず、私、鳥山が面談をし、相談者の状況に応じて、節税方針を立てます。これをカルテにして、最適な担当者に振って、作業を進めていきます。

相続税の還付については〝広大地〟の適用がキーワードです。多くの税理士は、広大地のことを知らない、あるいは無難をとってやらないことが多いのです。相続税の申告期限後5年以内なら「更正の請求」により多額の還付が得られる可能性があります。相続税の申告書一式をお預けいただければ無料で診断して、「更正の請求」の場合、「成功報酬」で対応させていただきます。

所得税の還付は、青色申告10万円・65万円控除を適用、専従者給与の支払い、管理法人設立、資産保有法人化と徹底した節税により、合法的に大幅な節税ができるようになります。

還付金は「現金」です。使途は自由です。生活を豊かにできます。正々堂々と税金を節税して納税し、堂々と還付金を請求しましょう。

納税者の権利と義務です。鳥山会計がお手伝いさせていただきます。

純金投資

私のお勧めは、実物投資、代表格で買いやすいのが「金」です。

欧州銀行が体力確保のために売っているとのことで、ここのところ「1gあたり4000円少々といった感じ（平成24年1月現在）に下がってきました。田中貴金属工業などに現金を持っていくと、その日の値段で買えます。売るのもその日に換金できます。

500gを買い足していくのがお勧めです。余計な手数料が500gから不要なのです（ただし、売値と買値の差額約80円は実質的な手数料です）。200万円余りで3カ月から半年ごとに1回、家族の人数分買うといいです。ドッシリとした重みと黄金の輝きは格別で、持っているだけで幸せな気分になれますよ。

私は毎年新年に自宅で飾って拝んでいます（笑）。それと大地震など最悪な出来事があっても、５００ｇならば持って逃げやすいです。

２０１３年の予想（年初時点）と16年の現状・将来

年初予想、２０１３年のキーワード

２０１３年のキーワードは何だったでしょうか？

２０１２年終わりに自民党が衆議院選挙で大勝したことから、景気対策には相当力を入れそうですね。少なくても7月の参議院選挙までは国民受けしておかないと「ねじれ」は解消しませんから。すると円安ドル高、超低金利、公共工事（トンネル事故など起きないように補修を中心として）の増加になるのでしょうか。確かに、20年余り続いたデフレも終わり、インフレになるかもしれませんね。

景気が良くなれば消費税は値上げ環境が整います。必ずや2段階値上げになるでしょう。ただ、日本が今まで経験してきたインフレと今回は違うと思います。

皆さんの給料は上がりますか？　家賃は上がりますか？――おそらくNOでしょう。食料品、公共料金、ガソリンは上がります。金利も上げざるをえないでしょう。手におえない**ハイパーインフレ**になるかもしれません。

給料は上がらずにですよ。

最悪の事態が待っているかもしれません。

日本がかつて経験したことがない〝**スタグフレーション**〟の到来かも……。

2016年の現状

デフレからの脱却を謳い、安倍首相が掲げたのが「アベノミクス3本の矢」、①大胆な金融緩和、②財政出動、③成長戦略でした。

この3年、日銀は3回の金融緩和をやり、とうとうマイナス金利にまで踏み込まざるを得なくなりました。財政出動も多少はやっていますし、TPP交渉もなんとか妥結にまで至ったように見えます。官制的なベースアップ（賃金上昇）があるにせよ、家賃上昇には至らず、物価上昇目標のGDP2％には到底届きそうにもありません。

よって金利はさらに低下して、借り替えの流れが強まっています。中国その他新興国の景気が低迷し、原油安に見られる資源品価格の大幅下落と、これに伴う円高基調の悪循環が止まりません。

外的要因が大きいにせよ、安倍内閣が途中から経済そっちのけで安保法制等の改正に血眼になったツケが回ってきたといっても過言ではないでしょう。とりわけ③の成長戦略が乏しいのが残念でなりません。先日会食した不動産オーナー仲間の方が私に耳打ちされた言葉が、妙に納得いきました。

「鳥山さん、我々にとって金融緩和は最高ですよね」

そうです。不動産オーナーにとっては、金利低下によって利益が上がり、金融緩和で銀行の貸出し姿勢が強まり新規物件の購入に追い風となるのです。

ただし、私は現状を肯定ばかりしてはいられません。不動産オーナーとしてはオーナー仲間のひと言にまったく同感なのですが、私は同時に税理士でもあります。顧問先の中小企業が景気の悪化によって経営難に陥ることを座視できません。

前項で述べた3年前の私の予想と異なっていることは、2回目の消費増税（8％から10％へ）ができないほどインフレにならない、むしろデフレに逆戻りする恐れがあるということです。幸いスターダフレーションにならずにすんでいます。確かにガソリン価格等の値下がりがあり、消費者としては歓迎ですよね。不動産オーナーにとっても、悪くありません。

ただし、不動産価格は今後も値上がり傾向が続き、利回りは低下するものと考えられます。

とはいえ、新築コストもデフレによって下がってきているので、建物価額の低下分、土地の値上がりを吸収するものと思います。場合によっては、中国ショック等リーマンショックに匹敵、あるいはそれ以上の経済的打撃があるかもしれません。

その時に備えて、今のうちにコツコツと現金を貯め、銀行と良好な関係を維持・発展させてください。また不動産業者ともパイプを太くし、虎視眈々と良い物件を待ち、随時購入するスタンスを持つことが最良だと、私は考えています。

景気低迷、円安デフレ時の投資には何が有効か

実物資産

● 私が日頃からお勧めしている賃貸不動産

10%以上の高利回り物件が出なくなってきています。駅近物件は7〜8%で売れてしまって

います。都心では5～6％でも売れています。今まで1億円で年満室想定10％の家賃が入っていた1棟賃貸マンションが買えたものが、7％になると〔1000万円÷7％＝1億4285万円〕に値上がりしたことになります。なんと42％も上がっているのです。

バブルの頃は利回りが2～3％が当たり前でしたから、いずれ5％になってもおかしくはありません。この場合2倍で2億円になります。

●金・プラチナ

金は2012年の安値が6月頃で、欧州の銀行が債務危機で売却した際につけた約4000円を底に、4500円を固め、5000円近くになってきていますが、過去7000円につけたこともあり、世界的なインフレや戦争・紛争がある度に上がります。一貫して、上昇または下降する法則を持っています。日本の金は円安は吉です。

プラチナも同様ですが、金に比べると工業品的な面が強く、地政学的なリスク（戦争・紛争）には鈍感ですが、金に比べて出遅れ感が強く、以前は金に比べグラム当たり200～300円高かったのが、現在は逆転して1000円くらい安くなっています。景気回復になれば、爆発的に上がる可能性があります。今は金よりプラチナの買いをお勧めします。

私は年末年始、金500g、プラチナ500gのバーを鏡餅の横に置いて、2週間毎日拝ん

でいます（笑）。金運のご利益を感じますよ。

現物を買うなら「田中貴金属工業」が有名で、第一商品は1kg単位で金しか取り扱っていませんが、手数料が安いのと、行かなくてもよいのが魅力です。徳力本店も100g単位で買え、通信販売のように行かなくてもよいのがいいと思います。最近分かったのですが、お近くの「ジュエリーツツミ」でも取り次いでいるようです。

手軽に売買したい方は、「ETF」（投資信託で新聞の株価欄、最後の方に純金純プラチナ投信）を証券会社経由で買う方法があります。

ドル預金、ドル建て債券

私は円高の度に、豪（オーストラリア）ドル建て債券を購入しました。1万円単位で購入できます。証券会社に口座を開設し、口座へ振込み、そこから債券の申込みをして、購入するのですが、ここで注意点が2つあります。

・預けている間、利息がつく口座を指定すること
・証券会社の営業マンの甘言に乗らないこと（受付の女性みたいに忠実に実行してもらえるか、

インターネットで注文できる会社の方が良い）
――です。
アメリカのドルもいいのですが、豪ドルは米ドルに連動し、かつ資源国なので実物資産の面も持ち合わせていることと利率が高いのです（年利4～5％。私は昨年、2度に分けて購入しましたが、平均82円くらいで、利率が4・5％、5％のものを取得しました）。できれば、持ち金を2～3度には分けて投資することをお勧めします。一方的な円安にはなりません。少し円高になったときに購入するのです（押し目買い）。そして中途半端に売却しないことです。
近年世界的に景気が減速しており、資源国の通貨は値下がりしていますが、こんなときこそ買い場だと思います。いずれ資源は必要なのですから。ただし、あくまで私の予想であり、考えです。当たるとは限りませんが、私も実践しています。

変わった営業マンに会った

私は、東京・池袋に区分所有のマンションを1戸所有して賃貸していたのですが、買ったのが平成2年の終わり頃です。当時はまだバブルの名残があり、10坪くらいのワンルームで50

00万円余りしました。普通のマンションだったのですが、当時は家賃17万円くらいで貸せたので利回りは3・8％くらい。

ところが、今の家賃は12万円で、出ていかれると、おそらく次の家賃は7万円くらいでしょう。管理費、修繕積立金が当時より値上がりして月2万円くらいしているので、借入れをして返済していたら、かなりまずい状態になっていました。

区分所有のマンションは自分で建て替えもできないし、管理費用も上がっていく一方なので、投資には向きません。これが、私が小さくても土地付きをお勧めする所以です。

ところで、このマンションを売却しないかとよく不動産業者から自宅へ電話がかかってくるのですが、彼らは〝仲介業者〟で、私と買主から「3％＋6万＋消費税」をダブルで儲けようとしているのです。

私が「いくらなら売れるのか？」と聞くと、彼らは「最高値で1000万、利回りが10％近くにならないと売れない」と言うのです。仮に年間家賃が100万円とすると、10％で割戻して1000万円。要するに、10年で元がとれるようじゃないと売れないということなのです。

このマンションの現在の原価は約3200万円、毎年建物分の減価償却分を経費にしていくもので、その分節税にはなっているのです。もっとも家賃の受取り分が約20年で3000万円くらいあるので、本当の意味での損失は２００万円くらい。持ち続ければ、利益になります。平成16年から不動産の売却損失と他の所得との損益通算がダメになり、売却は思案しているのです。たいていの不動産会社の営業は、私が「３０００万円以上で売ってくれればいいよ」とか、私が「〝税理士で宅建業者の免許〟も持っている」と言うと尻ごみして引くのですが、この業者は変わっているのです。

何が変わっているかというと――、

①自社の儲けのためではなく、私のためにアドバイスをすることを使命にしている
②どういうアドバイスかは、予約をして新宿の会社を訪ねてくれれば1時間30分かけて教える

――と言うのです。

私も「タイム・イズ・マネー」の世界で仕事をしているので、例の断り文句で追い払おうとしたのですが、まったくひるみません。一棟もののアパート・マンションをたくさん自分自身で運用していて４５０戸以上の方に賃貸していることを伝えたのですが、それでも引き下がりません。私もとうとう根負けし、水戸の御老公ばりに「ようし、百戦錬磨の私に挑んでくる根性があるなら、どれだけのものだ！」と、ある日の午後に行ってくることにしました。

ご丁寧に速達で地図と案内文を送ってくれました。「時間厳守」とのこと。知り会いの業者にも聞いてみてホームページも探しましたが、審査も厳しい結構いいビルに入っているし、宅

建業者としても長くやっているとのことがわかりました。胡散臭いながらも、変な心配は無用のようでした。

名刺は「部長代理」、声の感じでは、「40代半ばくらいの男性」のイメージでしたが、実際に会ってみると31歳。確かに顔はそのくらいでしたが、声と話し方は40代という感じで、相当やり手な印象の持ち主でした。会社は200人くらいの規模で、この営業マンは不動産仲介実績で全国1位になったこともあるとのこと。

話の内容は、彼が言うには、私の所有している池袋のマンションのオーナーたちは、皆高く買わされているのに家賃が値下がりし、返済に苦しみ、ひどい目にあっている〝富裕層〟なのだそうです。弁護士とか医者もいるようです。たくさんの新聞の切り抜きのコピーで、最近の賃貸状況を説明してくれました。

要するに、このマンションのオーナーは〝失敗者〟だというのです。このままこのマンションを持ち続けていても、売却値段は下がるし、家賃も下がる。管理修繕費は上がるし、空室も滞納もあるから早く売った方がいいというアドバイスでした。これがまず一つ。

しかし、これだけでは他の業者の言い分と何ら変わりません。彼（会社）はさらに強力な武器を持っていました。それは、損した分を取り戻して儲けに変えるために何かに投資をしようということなのです。「貯金、金、株、投資信託、商品先物等はすべて相場もので、当てになりません」というところから始まり、説明が長いのです。

だから何に投資するのかというと、なんと「土地」だというのです。兄弟会社が宅地分譲している、5年くらいで2000万~4000万円になる宅地だというのです。場所を聞くともったいぶってなかなか言わないのですが、良いところだから奥様と見てほしいと言う。

その場所はどこだと思いますか？　なんと栃木県の那須塩原市でした。今は木が生えている土地です。写真を見せてもらいましたが、何ともものどかな土地です。

土地を買って建物を建てて建売で売却するとのこと。おそらく5000万円以上で売却しないと、言ったとおりの儲けは出ないでしょう。しかも、自分の家より原発に近い物件は反射的にお断りですよね。検討する余地もないことから、丁重にお断りさせていただきました。

帰りの道中では、サッパリした心境になりました。私には次の理由から行っただけの価値は感じていたからです。それは――、

①自分の信念を曲げる必要がないことを確信した

②自分一人で悩んでいる人はたくさんいて、的確なアドバイスをしてあげれば利益は後からついてくるものであること。そのための営業ならばOKであること。これは当社グループの営業戦略にも生かせる

――ということです。

この業者は、私のマンションの売却で仲介手数料を38万円、宅地の売却で139万円（両手）、建て売りの売却で630万円（両手）と合計807万円を何のリスクもなしで儲けるつもりだったのでしょう。兄弟会社の土地建物売却の利益は、おそらく2000万円になると思います。やはり、ただほど怖いものはないのです。

この場合、もしも私が説得されているとしたら、株でいう〝ナンピン買い〟のケースです。つまり今、値下がりしたマンションを10％以上上回る良い物件を買い増しし、損を減らそうとする場合です。それも、買い増しのできない他の投資家のものを安く売らせて、買い増しできる人に売るとしたら、本当にウィークポイントを刺激されますね。でも、私なら業者免許を持っているので、自分で探しますけどね。

ちなみに、このマンションは平成24年に売却しました。1200万円で飲食店を多店舗経営している30代の社長が買主でした。このほか他のワンルームを損切りし、飲食店ビル2棟の儲けと相殺して税テクをして申告しました。400万円は節税になりました。このマンションは平成27年にさらに他の人へ売却されたとのこと。なんと1800万円で。アベノミクスで値上がりしたのですね。これからもっと、値上がりするかもしれません。買った方が私の知り合いの投資家で、謄本に私の名前が載っていたことで縁を感じ、鳥山会計の顧問先になっていただけました。縁は不思議なものです。

PART 4

税理士と顧問先は運命共同体！

〈闘う税理士〉〈税理士大家〉鳥山の提言！

「仕事ができる」とはどういうことか

「仕事ができる」――これについては、私なりの基準があります。とりわけ、次に掲げる10項目は欠かせない要素だと思っています。

皆様にも参考にしていただければ幸いです。

①よく覚えている。忘れない工夫をしている。
②今できることはすぐやる。後回しにしない。
③絶えず早く正確にたくさんの仕事ができるように考えて、工夫をする。
④お客様の相談に対して、何を求められているのか、どうしたらよいか。その最終的な書類のイメージが早く正確に湧く。
⑤状況を察知するのが早く、的確に仕事の順番を見極め、目的を達成する。素早く判断し、長くはこだわらない。
⑥「ホウレンソウ」(報告・連絡・相談)を的確に行い、相手の時間を尊重する。

⑦失敗しても素直に反省し、明確な謝罪と同じ轍は二度と踏まない対策を打つ。
⑧現状に満足せず、上から下から変化を捉え、先回りしてビジネスチャンスをものにするチャレンジ精神がある。
⑨試行錯誤をしつつも、失敗と感じたら、すぐに撤退する。
⑩質素倹約、良いものには大金をつぎ込む、大胆かつ細心に、おごらす次に備える。

私の戦略

私が税理士として活動しているのには強い思いがあり、同時にその思いを実現するための戦略があります。

その戦略とは――、

①地域の零細企業、個人をサポートする
②顧問先と一生づきあいの「運命共同体」を目指す
③キャッシュを有効活用するため、安定経営のアパート・マンション・貸家などあらゆる賃貸不動産を多数保有し、不動産こそが人生を豊かにし、節税の宝庫であることを実証する

④起業家応援策として家賃と会計事務所報酬に補助金（助成金）を出す

――ということです。

読者の皆様、経営者の皆様、不動産投資家の皆様、変わった税理士ですが、ロマンと熱意では他に負けません。よろしくお願いします。

実家に帰って考えたこと

盆休みに福井県勝山市の実家に帰って骨休みをしてきました。12日から15日の3泊で、80歳過ぎた両親と、兄弟に会い、ゆっくりと語らいました。

実家は代々の農家で、両親は食料品店の経営、兄は教師をやって生計を立ててきた兼業農家です。私が調べたところ、鳥山家は、鎌倉幕府を倒した新田義貞の家来で、福井で義貞が討ち死にしたあと落ち武者となり勝山に住みついたものと思われます。懐かしい山川を見ながら、ウォーキングをしてきました。

父親が農家の真髄を語りました。「農地（土地）は、先祖からの預かりもので自分のものではない、次の世代に託すものだ」と。私は感銘を受けました。相続で、兄弟がバラバラになり、家一つが守れない世の中、芯が通った考え方です。

相続についても話を聞きました。私の兄弟は、兄、姉、私の3人で、兄が夫婦と長男で実家を守っています。農業も、後継者として稲作をやっています。父は、預貯金は3人で分けて、残り土地建物すべて兄に相続させようと考えているようです。

もちろん、私としても異論はありません。姉が一人暮らしのため、預金を多めに相続すればいいのかなと考えています。父には「遺言書」、または〝遺言書みたいなもの〟を書いておくように勧めておきました。やはりいざとなると、書いたものははっきりしていて強いのです。

ここで、農地（土地）は先祖からの預かりものという概念を、土地全般に広げて考えてみました。**私が事業として行っている、不動産賃貸業の基である不動産（土地）は、やはり先祖からの預かりものになり得るのです。代々、引き継いで建物を建て替えて、時代に合った間取りにしていけばいいのです。**農業は、結構センスを必要とします（例えば、今年はナスが高いか？キュウリが高いか？）が、不動産賃貸業は、良い管理業者さえ選定できれば、任せてやっていけるのです。こちらは、私が創始者であり、先祖になるのです。

子供が女の子で他に嫁いでも養子をもらっても、不動産の名義を換えることで、事業承継できます。農業もアパートも土地あってのものです。土地の有効活用の違いだけです。土地こそが何千年も続けられる永久の資産なのです。

ちなみに税理士業は、資格を取らないとダメですし、相当センスがないとやっていけません。代々続けるのは大変です。

鳥山会計の顧問先になるきっかけベスト4

鳥山会計では、お陰様で顧問先数を毎月20件くらいずつ増加させていただいておりますが、そのきっかけを探ると次のようになります。

①事業（不動産投資を含め）を始めるに当たって、ホームページを探し、「親身に相談に乗ってくれそう」「税金や経営に強そう」「不動産投資に詳しそう」といった理由からメール、電話で連絡がある（新規のご相談者）。土・日営業で、平日は夜8時までやっているので、サラリーマン大家さんにも大好評。

②当事務所は不動産業者登録もしており、投資不動産を数多く運用実践しているので、その面のノウハウを確立している。融資相談も無料で受けており、銀行の紹介もさせていただき、双方に喜んでいただいている。

③知り合いの方、不動産業者の方に相談して、当事務所を紹介されるケースも多い（新規紹介のご相談者）。紹介者はすでに当事務所のファン（誠に有り難うございます。紹介者にはお礼のプレゼントをさせていただいています）。

④税務調査の連絡が入って不安になり、ホームページを検索し、いくつかの事務所を比較した結果、当事務所が税務調査の案件に詳しいことなどから依頼してくる（税務調査での新規のご相談者）。実際、税務署としっかり交渉し、成果を出していることなど、ホームページ、ブログ、セミナー、著書、小冊子、パンフレットなどでその事例を紹介している。

⑤他の税務事務所から切り替えてくるケース。

ちなみに、「すべてのご相談者」には、まずは代表の鳥山がお会いして対応しています。その際、お願いしたり、お話したりしているのは、税務調査での新規のお客様の場合、次のようなことです。

・2～7年分の確定申告書、決算書、収支内訳書、問題点、疑問点を整理して持参。
・税務署の担当者をはっきり把握。
・代表が2時間くらいで、最悪の場合の税額と対処法を検討。
・税務代理権限証書（委任状）に記入押印。

・代表が税務署へ電話連絡。
・代表と納税者が一体となって税務署と交渉。

最後の項目のポイントは〝今後は当事務所がしっかり節税を指導させていただく〟という、当然ですが〝税務署へのアピール〟です。ご相談に見えた方は一様にお願いして良かったと喜んでいただいております。

また、税務会計事務所を変更されるお客様の「不満」は、次のようなことが多いようです。

・失敗が多い。
・相談しにくい。
・節税に関する提案がない。
・経営、税務について相談しても、明確な返答がない、または遅い。
・税務調査で弱腰だった。
・毎月顧問料を支払っているのに、1年1回しか報告がない。アドバイスがない。
・いきなり多額の税金を納付期日間近に言われた。
・赤字なのに無駄な税金を支払わされていた。

「不満」を示す具体的な例を、次にいくつか挙げておきます。

事例1 役員報酬を計画的に値下げして会社を助けることで、個人の税金も安くなるという常識を実行できていない会計事務所が、残念ながら多くあります。これにより、個人の税金が滞納となり、自宅に差し押さえをくらい、社長の人生にかかわる事態も出ています。

事例2 繰越欠損金が多額にあるにもかかわらず、多額の役員借入金をそのままにして繰越控除期間（7期間）を途過してしまうケース。税務上の繰越欠損金まで債務免除（役員側は債権放棄）を行って会社を助けることで、将来の相続税の負担を減らし、財務内容を良くする効果をもたらします（きちんと処理をすれば、税金はかかりません）。

事例3 消費税の届け出ミスで毎期損をしているケース。簡易課税の方が良い、またはとりやめた方が良いといったことを判定していないために、損害を被っています。

鳥山会計では、担当者が毎月管理表で、顧問先の有利・不利を判断する仕組みをつくり、ダブルチェックで対応しています。したがって、安心してお任せいただけます。

そんな鳥山会計の事務所を、簡単にご紹介しておきます。

・埼玉県志木市と東京池袋の2カ所の事務所に加え、平成28年秋からは銀座にサロンを設け

（歌舞伎座そば）、幅広くご相談に乗れる体制にします（税理士大家ですから、すべて自社ビルです）。

・有線放送による心地良い音楽が流れ、緊張した心が癒される事務所です。
・応接スペースを多く設置し、ゆっくりと応対できます。
・税理士8人、職員45名で対応します。
・早く、安く、正確に、そして感じよい事務所を目指しています。

会計事務所の経営について

ここで、会計事務所の経営についても触れてみたいと思います。

「先生のところはいいね。不況は関係ないでしょ」とお客様の社長によく言われます。しかし、そんなことはありません。皆様の業績が悪くなれば事務所の顧問料も値下げせざるを得ず、休業・廃業・倒産ともなれば売上減少に直結します。お客様とは、**「運命共同体」**なのです。

ただ、お客様の数が多いのでリスク分散にはなっています。会計事務所の3大経費は、①人件費、②家賃、③コンピュータ経費ですが、ほとんどが固定費のため、売上の減少は利益の減少に直結するのです。逆に考えると、固定費を増やさなければ（人の補充等をしなければ）、キャパシティいっぱいまで、お客様を受け入れ売上を増やせば利益が増加するのです。
私の思いは、仕事について「早い」「安い」「頼りになる」「幅広い業務範囲」、そして「感じの良い対応」を実現することです。これを維持するには、優秀な職員を多数持ち一人一人のキャパシティを広げることです。そうすることで、一人で多数のお客様を担当することを可能にし、お客様にサービスを少しでも安い料金で提供させていただき、職員にも利益を還元できるものと考えております。**鳥山会計は「雑食系」ですから、幅広いサービスを安く提供できます。**

ここで、「雑食系」ということについて触れたいと思います。

先日、個人のお客様が亡くなり、相続税の問題が発生しました。通常、今までは確定申告をお願いしている税理士さんに相続税の相談をし、申告もお願いすることが多かったのですが、近年は相続人がまずインターネットで相続税専門の税理士事務所（または税理士法人）を選定し、見積りをしてもらうということが増えてきています。

今回の場合も、このパターンで当事務所が最後まで残り、私もお香典を持参しご焼香をした後で相続財産のヒアリングを行い、お見積りさせていただきました。**この場合のお客様のご要望は当然、①料金が安い、②きっちりと税金を安くしてくれる、③早くやってくれるです。優先順位も①→②→③です。つまり安いが一番なのです。**

ちなみに、相続人からあとで教えていただいたところによると、相続財産2億円で、東京の相続税専門の税理士法人の見積りは、180万円、司法書士紹介の税理士事務所の見積りはその70%くらいであったとのこと。**私のお見積りは、報酬規程でいくと約110万円、いつも腹八分目（笑）で80万円、お客様割引が20万円で60万円をご提案させていただきました。税理士法人の見積額の3分の1程度です。もちろん一発合格です。**

強み

鳥山会計は、不動産に強い実践税理士集団です。したがって、当然のこととして相続税の申告に強い税理士が5人おり、今までに申告をした数は300件以上に上っており、年間20件程度の申告書を提出しております。

税務調査も相当数の経験済みで、相続税の節税も目いっぱい行います。納税方法についてのご提案もでき、不動産の売却についてもグループで素早く対応できます（お客様割引で、原則規定の3分の2の報酬ですからお得です）。

また、大変な相続人間の分割協議のご相談、「遺産分割協議書の作成」立会いやご説明も積極的に対応致します。「むさしの相続相談室」（TEL048-476-8586鳥山会計内）は、相続について何でもご相談に応じております。

その相続人のお客様に、鳥山会計が料金を安く設定できる理由を3つ、教えてさしあげました。そう、税理士事務所経営のノウハウまで、タダで教えてあげるんですよ！（笑）。

①職員が多いこと。代表一人が相続業務を行っていては、単価が大きく上がってしまいます。

②所得税、法人税、消費税の仕事をたくさんこなしているので、これで飯が食えること。

③幅広い業務範囲を持っているので、全体的に安い料金でもトータルでカバーできること。

つまり私の定義では、相続税専門が狩猟民族系の「肉食系」、相続税をやらない事務所が農耕民族系の「草食系」、どちらもこなす当事務所はたぬきのような「雑食系」なのです。

法人の年間報酬平均は、20年前50万円、10年前40万円、5年前36万円、現在30万円という感じです。大震災以降、我々税理士業界も値下げ圧力が強まっています。**当事務所は、先駆けてニーズにお応えし、これが零細中小・個人企業のお役にたてればと考えております。**

レベルが低い税理士事務所

最近、当事務所にご相談があった事例を2つご紹介します。

一つは、「都内の公認会計士・税理士事務所に依頼しているが、記帳代行の契約を締結しているのに1年1回、まとめて入力、申告をしている。毎月料金を支払っているのにサービスがなっていない」というものです。

まとめて記帳作業を行うので初歩的な失敗があると、不信感を募らせ、「税理士事務所ってどこもこんななの？」と信用金庫の職員に相談されて、当事務所を尋ねられました。

当事務所は、「安い、早い、正確に、そして感じ良し」をモットーにしていますから、2カ月1回きっちり月次決算をすることで、お安くして、即契約していただきました。

担当者が他山の石として、しっかりお客様に応えていくことにします。

もう一つは、税務調査にあっている会社の社長に当事務所の顧問先社長の紹介でお会いしました。

すでに4日間も調査があり、さらにあと2日間、日程をとって欲しいとのことで、立会っている顧問税理士が税務署の手先のようだというのです。

社長はただでさえ孤独な存在、ましてや税務調査は苦しくて辛いものです。顧問税理士にまで見放されては、立つ瀬がありません。

税務調査は税理士にとって「ひのき舞台」です。ここでアピールできないようでは、どうしようもありません。

税務署に迎合するのは楽なことです。それに対して、税務署と対峙することは大変勇気がいるものです。しかし、正々堂々と渡り合えば、必ず打開策は見えてきます。税務署員も人の子ですから、会社社長と一緒になって向き合います。

この会社は税理士の途中交替で、これから私と一緒に税務調査に臨むことになりました。百戦錬磨の税理士が付いたからには、上々の成果を上げられたことは言うまでもありません。

身近なところで増えている労働問題

顧問先の会社で、従業員が「残業代」の支払いを要求して、これを拒否すると、自ら解雇を誘う発言で挑発し、「不当解雇」として労働基準監督署に相談するとなかば脅迫して和解金をつり上げるような事件が増加しています。

このようなケースは、社長や社長の奥様から私の携帯へ電話が入り、今日このようなことがあったのだがどうしたらいいか、あるいは良い弁護士を紹介してほしいという相談になります。

実は私も経営者として、過去8年の間に記憶に残る3人のケースを体験しています。大変恥ずかしい話なのですが、皆様のお役に立つ情報になるものと考え、ご紹介します。

事例1 裏切り

1人目は、8年前に退職した40代の男性職員です。3年ほど事務所で仕事をしたのですが、仕事の覚えが悪く、本人は一生懸命（？）やっているように見え、毎月の決算のときは夜を徹して仕事をしているようで、体と心が大丈夫か心配していました。

私がたくさん仕事を与えるからって？　いえいえ、その前の担当者が楽々と時間内に終了してきた、すごく躾（？）の良いお客様をそのまま引き継いだのですから。優秀な補助者をつけても一向に仕事ははかどりませんでした。

仕事量と合わせる給与にするため、やむをえず減給を繰り返すことになりました。その結果、結婚し、子供ができた彼にとっては生活ギリギリの給与になってしまいました。これが彼の当面の生活に響くことになり、退職を決意させたようです。

と、ここまではありがちな話だと思うのですが、その後の彼の行動が異常なのです。

当事務所の顧問先のうち、彼の担当になっている会社から情報が入りました。彼が東京にある別の税理士とコンサルタントを連れてきて、自分が退職するからそちらの税理士事務所に移らないかと誘っていたのです。しかも、有休をとっているその日にです。

さすがの私も、怒りがこみ上げてきました。最大の裏切り行為だからです。

私は始末書を書かせました。他の顧問先にも同様に誘っている可能性があるためです。他の事務所に就職するためのお土産にしたかったのではないでしょうか。それにしても、その所長も節操がない人だと思います。

すると、彼は突然「退職します」と言い出しました。日頃は極めて腰が低く柔らかい印象のある彼が豹変し、会社都合の退職にしてほしいというので、それはできないと突っぱねました。会社都合は、いわゆる退職勧奨も含みます。解雇と同じ扱いです。

要するに、失業保険がすぐに出るし、長い期間もらえるのです。しかし、事実と違いますからできません。ここに書いたこと以上に不可解な言動がいくつもあるのですが、割愛します。

そして退職から3年くらい経ったころ、私と家族宛に差出人不明の怪文書が届くようになりました。その数100通近く。警察で指紋を特定してもらうなど捜査してもらいましたが、犯人逮捕には至りませんでした。東日本大震災を境に、怪文書はピタリと来なくなりましたが、2年近く大変迷惑しました。

捜査してくれた警部補から「鳥山さんが知っている人で、鳥山さんが一番分かる人が犯人だよ」と言われましたが、私はこの人が一番怪しいと思っています。

事例2 残業代要求

2人目は、残業時間分の支払いを求めるものでした。この職員は50代後半で当事務所に入社し、1年半ぐらい在職していたのですが、この期間内、仕事に対して不真面目で顧問先の評判が悪く、事務所内でパワハラ発言を繰り返し、言動が粗暴なので、辞めてもらうことにしたのです。しかし揉めて、残業代の請求をしてきたのです。

当事務所では年俸制を採用しているので、残業代・休日出勤手当分は労使の合意で給料に込みという認識でありました。しかし労働基準法には、残業・休日出勤は割増を付けて支払わなければならないと書かれているようです。

私が突っぱねると彼は開き直り、ユニオン（労働組合）を連れてきて、団体交渉を求めました。労働組合によると、労働基準法は強行法規なので団体交渉を拒否すると懲役まで科せられることがあるとのこと。別に拒否する理由もないので、団体交渉をすることになりました。

私は社会保険労務士に相談し、同席してもらえるように依頼したのですが、労働組合が出てくると社会保険労務士ではどうしようもないと逃げ腰なのです。何でも労働組合が当事者になるらしく、代理人になれるのは弁護士ぐらいのものらしいのです。団体交渉といっても当時、経営者側は私一人、相手側は労働組合が付いて5人ですから、明らかに私の方が劣勢です。

彼は、定年までの残りの期間約5年分の給料を出せとまで言い始めました。1500万にもなります。さすがにこれは、労働組合も「無理がある」と認め、交渉は残業代だけに絞られました。彼はタイムカードのコピーを毎月無断でとっていたので、証拠があります。私から言わせてもらえば、コピー代も払わずにタイムカードのコピーをとり、昼間さぼって夜に残業をしているように見せかけ私に手間をかけさせる——と、こちらが残業代を請求したいくらいです。もちろん、相手が受け入れるわけもありません。結局、500万円の残業代を要求されたところ、200万円で手を打ちました。

この一件で学んだことは、次の2点です。

①採用時に退職理由が会社都合の場合が多いときは、本人に何らかの理由があることが多い。
②採用時に、基本給と残業・休日出勤手当相当金と分けて毎月の給料明細に記入し渡すことを確認しておく。そうすれば、残業・休日出勤手当分が含まれていることになる。あるいは賞与を支給するとき、残業・休日出勤手当相当金として支給する。

事例3 不当解雇

最後の一人は50代前半の女性職員で、残業・休日出勤手当は前回の対策が功を奏して諦めましたが、解雇を要求し、解雇にすると「不当解雇だ」と言って労働組合を連れてきて、また団体交渉になりました。

この職員は、仕事にこだわりが強く時間をかけすぎるので、いつも残業続き。私も体を心配していました。強情な性格でお節介やきなので、すぐに人の間に入ってよけい揉めさせるようなところがありました。特に労働者の権利については敏感で、ちょっとでも職員に不利なことがあると労働者代表のようになり、よく私に噛みついてきました。

顧問先ともよく問題を起こし、担当替えを3回くらいした覚えがあります。決定的になったのは、顧問先の社長をさんざん怒らせてしまったことです。自分が正しいの一点張りなので、社長も許してくれなかったのです。私が代わりに社長に謝ってとりもちましたが、この人はすべて自分が正しいという考えの持ち主でした。

私もとうとう堪忍袋の緒が切れて、解雇を口にしたのです。そうしたら、文書で「解雇通知書」を出してくれとなり、出したところ団体交渉となり決裂しました。

その後、労働審判、本裁判と続きますが、皆様、本裁判までいって判決で負けたときどういう損害が発生すると思いますか？　なんと係争中の期間の給料を支払う羽目になる（仕事もしていないのに）のです。ちなみに、結審まで2年近くかかるそうです。そこで辞めさせるためには、和解金を支払うという選択をせざるを得なくなります。

弁護士費用を合わせると１５００万円くらいにはなりそうです。幸いこのケースでは、私が頼んだ優秀な弁護士の作戦が功を奏し労働審判で和解、総額３００万円くらいで済みました。

ここで得た教訓は、次の４点です。
①解雇は言わない、書かないこと（辛抱）。
②自分から辞める方向へ持っていくこと（忍耐）。
③就業規則通り、始末書・減給・自宅待機と解雇の理由を積み上げていくこと。
④どうしようもないときは優秀な弁護士に依頼すること（紹介します）。

普通だったら、解雇予告手当１カ月分を支払えば簡単にクビにできる――と考えますよね。本人が納得すればＯＫですが、揉めると大変なことになります。

労働問題についても、皆様に先立ち、まずは私が最も大変（？）なことを経験済みです。いつも私が実験台です。転ばぬ先の杖で、参考にしてください。

借入れを行う順序

会社にとって、緊急輸血である「借入れ」のことをご紹介します。

●借入れの順序

借入れの種類については、ざっと列挙すると、以下8ケースに大別できます。

①日本政策金融公庫（旧国民生活金融公庫）
②信用保証協会の保証を受けて行う銀行借入れ
③信用保証協会以外の保証を受けての銀行からの借入れ
④銀行からの直接借入れ（プロパー）
⑤オリックス等のノンバンクからの直接借入れ
⑥キャッシュカードによる借入れ
⑦消費者金融、事業者向け金融からの借入れ
⑧街金融、ヤミ金融等の高利不法な相手からの借入れ

借入れすべき順序も①からの順番ですが、⑥以後はやめておく方が無難でしょう。これを借入れしてしまうと、銀行等の信用がなくなり、①から⑤までの借入れもできなくなるばかりか、〃自転車操業〃となり、返済に頭と時間を消費してしまい、本来の経営に身が入らなくなるのです。まず、立ち直れません。

②については、さらに詳しく分けると、②の一つは市区町村の制度融資（特別小口）になり

ます。窓口は市区町村の産業振興課です。②のもう一つは県の制度融資（小口）窓口は商工会となります。

①の公庫と保証協会は別の組織であり、融資の審査は独自に行われますが、保証協会については市区町村の制度融資（特別小口）を先に借入れすることがベストです。なぜなら県の制度融資（小口）→市区町村の制度融資（特別小口）は無理なのです。市区町村の取扱いで一般的に信用保証協会の保証がすでにあっては対象にならないことになっているのです。

それと、お金を出すのは銀行なので、保証協会がOKでも銀行がNOのときはダメですから、日頃から銀行との付き合いも大切にしておきましょう（何行かと付き合っておく方が良いと考えます）。メインバンクは不要の時代です。銀行との具体的な付き合いとは、定期積金をする、決算書、試算表を持参して相談しておく等（支店長、融資課長、営業等へ）です。

●借入れの審査

次に、借入の審査の際、重要となるポイントを列挙します。これも、重要度の順番です。

①債務超過（貸借対照表〈B／S〉上、資産より負債の方が多い状態）でないこと。
②公共料金（特に税金、社会保険等）を支払っていること。
③過去1年以内に借入返済が口座振替できちんと落とせていること（あとで振り込んで返済し

ても、履歴上問題となるので要注意)。
④事業に実績があること(営業年数が1年以上。売上、利益が多いほど良い)。
⑤事業に有効な資格、許可、経験を持っていること(宅建免許、建設業許可、調理師等の資格と修業期間等)。当事務所は行政書士の資格も保有しているので、知識経験ともに豊富です。
⑥担保(不動産等、売掛金、商品等)を出せるか?
⑦保証人等の応援する人がいること(家族、特に配偶者の協力が得られるか、子供で跡取り候補がいるか?)。

●返済ができない場合の対策

最後にどうしても返済ができない可能性がでてきてしまったときはどうするか? これも打つべき対策の順番を示すと、①~④が挙げられます。

①役員借入金の債務免除を行い、また役員報酬も下げ、会社の事業を助けて家計の節約を最大限に行うことが大切です。いずれも滞納する前に、税理士等の専門家に相談すると同時に、すみやかに金融機関に事前相談することが大切です。その際、「事業計画書」を作成し、持参し、説明することで、説得力が発揮されます。
②今までの借入れを一本化して返済期間を延ばしてもらう〝借換え〟を依頼する。

③新規借入れが無理ならば、返済金額の減額を依頼する（条件変更、リスケジュール）一般的に利息のみとしてもらう。ただし、半年から1年ごとに再申し込みとなります。

④どうしてもダメなときは「事業の可能性」をよく再検討し、頑張りすぎず（前述の「借入れの順序」で示した⑥〜⑧の借入れをしないで）、一度リセット（自己破産）することもやむを得ないと覚悟を決めておきましょう。重荷を降ろして、人生をやり直すことも必要です。

鳥山会計が、実際に資金繰り対策の一助となったケースをご紹介します。

東京都内で建設業を営むJ法人が、信用保証協会に5期分申告書、決算書を提出したところ、「辻褄が合わないところがあるため、信用保証をすることができない」と言われ、当事務所に紹介があり、K社長が書類を持参して来所されました。**申告書、決算書を並べて拝見すると、税理士に依頼していない期が2期あり、資格がない人に頼んで作ってもらったとのこと**（絶対にやめましょう）。内容を精査すると、株主資本等変動計算書の金額と貸借対照表の資本の部の金額に矛盾があり、これが2期連続であることが判明しました。

対策

法人の決算は確定決算であることからむやみに変更できないため、会社宛に矛盾箇所とその原因、そしてその対処法を記載した意見書を作成しました。結局、「正規

の簿記の原則」「真実性の原則」に従って作成した帳簿に基づく決算であるため、貸借対照表・損益計算書は正しいと考え、株主資本等変動計算書を訂正することが相当としました。これにより、会社は保証を受けることが可能となりました。

当事務所では「1日公庫」を開催しています。「1日公庫」とは、政府系金融機関として中小零細企業や個人経営の資金繰りを手助けしている「日本政策金融公庫」が、当事務所で開催する融資相談会です。公庫からの申し入れで行っているため、普段よりも一生懸命融資を出すことに努力してくれています。

「1日公庫」ができるのは、応接室がいくつもあって、顧問先も多く公庫の融資に協力的な税理士事務所であるからです。

融資の申込みから審査結果が出るまでの時間が、通常より短縮されるので非常に便利です。

「1日公庫」の必要書類は申告書、決算書（原則最多3期分）、新規開業の方または決算後6カ月以上経過している場合は、最近の試算表です。

なお、債務超過になっていても可能性はあります。**当事務所では無料で「1日公庫」のご相談に応じています。**

私の失敗談

今では税理士業と不動産賃貸業で大成功を収めたと言ってくださるようになった私も、思い返すと数々の失敗の歴史があり、自戒の念と皆様の参考になるかと思い、恥ずかしいのですが失敗談を披露いたします。

一、株式・商品相場・FX・外貨預金

①株式相場は20歳で上京した私にとってはあこがれの一つでした。お蕎麦屋さんで住み込みアルバイトをして貯めたお金約200万円を元手に、低位株投資をしました。

最初は勉強をしたのが功を奏し、結構儲けました。これに味をしめて「10倍融資」の投資会社の罠にはまり、儲かっていたのに保証金の全財産を倒産持ち逃げされるハメに陥りました。

ITバブルの頃（2000年頃）には投資額8000万円が2億3000万円にまでなり、2億8000万円（2億円の儲け）になったら株をすべて売って「アパートマンション1棟投資」をすることに決めていました。しかしITバブルの崩壊によって、あれよあれよと500

0万円になってしまいました。つまり、ピークからは1億8000万円の損です。

結局、意地で5000万円のマンション（セドルハイム西川口）を買いました。思い返すと、これが不動産投資への一極集中の始まりでした。

②商品相場は25歳くらいのとき、営業の人にもらった電話から始まりましたが、結構損しましたね。おそらく、株でやられた投資顧問会社から名簿が流出していたのでしょう。金、銀、白金、粗糖、ゴム、小豆、乾繭、生糸、原油、石油まで、ほとんどの商品をやり尽くしましたね。売りも買いもできるので、資金の10倍、いやぁスリル満点でした。

株の信用取引は3・3倍ですから、反対にブレればすぐに証拠金不足、すなわち「追証」になります。翌朝までに入金しないと待ったなしに切られてしまいます。度胸と思い切り、決断の良さはこれで身につけられたのかもしれません（笑）。

支払った授業料は、おそらく8000万円は下らないでしょう。

③FXは40代くらいでやりましたね。携帯で手数料が安く、少単位からいつでもできるのが魅力的でした。証拠金の30倍でできるのもビックリでした。円ドルから入ってオーストラリア、ニュージーランド、ユーロ、ポンド、スイスフランまで、私の悪いところは戦線を拡大してしまうことと、やり始めるとトコトンやってしまうことです。

売りと買いを同時に行う両建て作戦を実行しましたが、結局は相場には勝てませんでした。

自分に勝てないのかもしれませんね。損切りができない人は、成功しません（トホホッ）。④外貨預金は50代に入ってから、銀行のつきあいで始めました。ドル高も予想していたのでドル預金なら小遣い稼ぎぐらいになるだろうと決め込み１０００万円ほどつきあいましたが、それ以後の円高で塩漬けです。１ドル１００円くらいでナンピン買いを入れましたが、果たしてどうなるか？　長期戦覚悟です。

株をはじめ、相場は向き不向きがあります。私はどうしても短期戦は向いていません。自分がかわいくて、損切りできないからです。結局、大損をして初めて損切りをするという歴史を繰り返してきました。

それでも、仕事にも家計にも迷惑をかけずにやってこられたのは、やはり税理士という仕事が天職であり、素晴らしいお客様、職員、そして大切な家族がいたからだと思っています。

二、貸付

私は人情深いところがあって、若い頃から、人から借金を頼まれると引き受けてしまいます。不動産仲介業のＬ社の社長は私の前の自宅の仲介者でもあり、当事務所の顧問先でもあることから、運転資金の貸付で1000万円、一緒に土地を買うという名目で3000万円と合計4000万円も貸す羽目になりました。私が37歳の頃です。

4000万円のうち2500万円は、宝くじで7000万円を当てた私の高校の後輩に借りたものでした。年利3％の利息をつけることにして、結局、L社は土地も購入せず、倒産状態になり、社長はヘラヘラと笑って逃げる始末。要するにペテン師にひっかかったのです。

この社長はいわゆる〝いい恰好しい〟でした。もらった小切手も不渡りで腹立たしい限りですが、私はこの社長と絶縁しました。今後、付き合う価値がない男だからです。せめても幸いしたのは、私の会社で貸していたため、後で貸倒損失で落とし、少しは税金でカバーできたことです。女房にはいまだに時折り、「だから言ったでしょ」と言われる始末。もちろん後輩には、利息をつけて全額返しましたよ。

三、一緒にビジネスを始めたのですが

私が40代の頃、女房のつきあいで車に乗ってよく、クリーニング店に行っていました。そこで感じたのは、クリーニング店は駐車場がない、店員が少ないため、時間がかかる、料金が高いということでした。ワイシャツが1枚150円くらい。毎月では結構な金額になります。

これを解消できれば商機があると思い、顧問先で新鋭のクリーニング店の社長に相談すると、最新の機械を導入して、見える工場兼クリーニング店にすれば実現できるという回答を得ました。ほどなく店舗工場が見つかり、500万円ほどの店舗取得費を支払いました。共同経営ということで、2人で有限会社を設立し、経営面と資金面は私が担当し、業務面を社長が担当することになりました。

新しい機械が2台で2000万円、合計2500万円を私と社長が連帯保証人になり、なんとか開店にこぎつけました。店の名前は「フレンズ」です。開店当初はワクワクしたことを覚えています。

ところがです。最新鋭の機械を動かす人がいないのです。一日3000枚できる予定が500枚が限界です。しかも、ほどなく売上金が報告されず、入金がなくなりました。社長に連絡しても電話に出ません。いきなり行っても居留守です。しかも、従業員に私の悪口を言って、自分では一切の給料の支払いをしていません。

私は3カ月分の給料を自腹で支払い、機械のリース料を立替えました。そして愕然としたのは、この社長が最新鋭の機械を操るどころか、今まで自分がやっていた店舗では手洗いしていたというのです。私はまんまとハメられたのです。おそらく機械の会社からバックマージンをもらっていたのでしょう。売上金は着服し、一切の支払いを押しつけるという卑劣な罠です。

私は仲介者を介し、ようやく逃げた社長と話し合うことができました。口が曲がった社長はひと言も謝らず、弟が店からお金を持ち逃げしてしまい、支払いができなかったと言い訳をしました。私はこの男とも縁を切りました。総額3000万円くらいの損失。2人で作った「有限会社フレンズ」はこの赤字を活用し、不動産賃貸管理会社として立派な会社にしています。

四、裁判で負けました

①スナックが2店舗入っている地下1階、5階建てのビルを1棟買いました。私が努力すれば、パブスナックで満室にできる自信がありました。売主はタヌキのような人でした。ほどなくして、満室になりました。ところが市役所から電話があり、この建物が建築基準法に違反しているというのです。

建築士に調べてもらい、私も勉強したところ、エレベーター、ビル内階段のほかに、外階段がないといけないビルだというのです。用途が居酒屋ならいいのですが、スナックは風俗営業だからダメなのです。

私は売主が示した何業も可というチラシを思い出しました。スナックで貸すことは買う時に明言していましたし、売主も同意していました。私は売主に内容証明郵便で、損害賠償すれば問題化しないが、拒否するならば裁判に訴えるという意思をぶつけました。しかし何の返事もないため、やむなく裁判を起こしました。

それから1年半、出た結論は売主に責任なしでした。売主が裁判所で、私に対して誹謗中傷の発言をしたにもかかわらずです。

その後、このビルは売却しました。結局、私の手腕で満室にすることができたので、高く売れました。もちろん、重要事項である建築基準法の問題を買主に明記して説明してのことです。正々堂々が一番です。

②顧問料の支払いを拒む会社を少額訴訟で訴えました。飲食店を営む会社が、当事務所に頼んだ覚えがないということで支払いを拒否しました。再三の催促にもかかわらず支払わないので、少額訴訟をやってみました。金額は約25万円で、弁護士を依頼するほどのことはないと思ったからです。自分で訴状を書いて提出しました。

第1回目の公判の日、行ってみると相手被告側は弁護士を依頼していました。弁護士に支払うお金があるのなら、当事務所に10万円でも払ってと正直思い、相手方弁護士に言いました。

当方も弁護士を依頼するハメになりました。結局、この裁判は2年近くかかり、当事務所が勝ちましたが、相手方会社は倒産し回収はゼロ、弁護士費用は15万円くらい要しました。踏んだり蹴ったりです。腹が立っても、裁判はやらない方が結局、得なようです。

五、ネイルサロンのお店をやりました

顧問先の社長がやっているネイルサロンが経営不振で閉店するというので、私のグループ会社で経営を引き継ぐことにしました。やり方次第で利益が出せると思ったからです。内装とパンフレットに少しお金をかけて、人材も補強して、やってみましたが、社会保険の負担とともに人件費と家賃がかかる割に売上が伸びず、とうとう2年でギブアップしました。1000万円以上の損失でした。

不特定多数のお客様を相手にする商売は難しいですね。税理士業は特定多数です。不動産賃貸業には貸すものがはっきりとしています。ともに最強のビジネスであることを際立たせてくれました。でもこの経験は、多くの経営者の悩みを共感できる解決策を提案できることにつながる貴重なものにしたいと思います。

いかがでしたか？　私も相当失敗しているでしょう。金額にすると約2億円です。女房に言わせると「居酒屋に家族4人で何回行けたか」となります。全く、その通りです。でも、私は〝成功の裏には必ず失敗あり〟と言い返します。

まあ、今の自分があるのは、失敗のときも、めげずに逃げ出さずに上手に撤退したからでしょう。「同じ轍は二度と踏まない」――私の心の教訓です。

30周年を迎え、新たな事務所経営へ

3年前、税務会計の担当者の補助者として初めて、パートの募集を出しました。折り込みチラシで日曜日に出して17名くらいの応募がありました。パート募集はハローワークよりも折り込みチラシの方が効果があるようです。結果、鳥山会計で6人、グループ会社（不動産）で2人を採用しました。原則的に担当者1人に1人の補助をつけて、業務の効率化と顧問先への相談サービス体制の強化を狙っています。

将来的には、今回採用したパートの中で担当者に成長する人、補助者を数人管理できる担当者などが育ってくれればいいなと考えています。

組織づくりは人づくりです。同時に、副所長、課長2名、社会保険労務士、班長4名には権限と責任を委譲して、しっかりやっていける体制にすることにしました。事務所の人数も30人を超え、グループ全体では40人超えです。武田信玄の「人は石垣、人は城、人は堀」＝「企業

は人なり」という言葉に通じます。

顧問先向けには、次のような施策を行いたいと考えています。

①プラザ鳥山の2階にむさしの相続相談室、起業家応援ブース、セミナールームが完成しています。税理士業界、不動産業界初の税理士報酬、事務所、店舗家賃に助成金による応援システムを稼働させます（プラザ鳥山2階の起業家ブースを借りて、鳥山会計の顧問先になっていただける方は6万円の家賃に補助金5万円を出して実質負担1万円からスタート。鳥山会計の報酬も年間40万円のところ28万円の補助金を出して実質12万円からスタートしていただくという破格の応援システムです）。興味がある方は鳥山までご連絡ください。

アベノミクスに賭けて、当事務所もボーナスを含め頑張って成果を出した人には3％（2％を50％プラスして）の給料賞与増で日本の景気に貢献したいと考えています。やはり変化に対応していくことが進化の歴史ですから。

2016年の現状

パートさんが知り合いのパートさん候補を呼んできてくれて、期待通りの成果（組織が強くなる）を出せてきました。ただ最近は、人材募集に対する応募は少なくなってきている状況です。

池袋支店は人材の株分けをきちんとせず、新たに募集した人材で構成してやり始めたところ、組織的に脆弱で、大変苦労をしました。

M&Aで板橋の事務所の一部を合併したところ、事務所の運営の違いにまごつき、引き継いだ顧問先がすぐに倒産したりもして、良い経験をさせていただきました（笑）。もちろん、良い顧問先もたくさん引き継ぎさせていただき、良いご縁になりました。やはり自社でコツコツと増やした方が自分の性分に合うことが分かったことは収穫です。

顧問先は1000件を越え1500件近くです。今後は量より質を目指し、より良いサービスを提供させていただきたいと思います。

ここに来て、いくつか今後につながる確信を持つようになりました。

①在宅勤務を試みること。
②OBを再雇用することで、現状の組織を活性化させること。
③事務所創立30周年記念行事を大々的にやること（今秋。本書も、その際にお手元にお届けします）。
④支店戦略を進め、顧問先と従業員を「株分け」して地域密着と事務所スペースの確保、独立採算によるやる気の向上を目指すこと。

鳥山会計の目標として――、

①顧問先2000件

②銀座、池袋、志木、川越を結び、地域社会に貢献すること

③事業承継

④利益を従業員に積極的に還元し、質の高い人材を育て、お客様に喜ばれることに徹すること。

そして、やりがいを持てる仕事や休暇などの待遇を大幅に改善し、鳥山会計に入所して良かったと思ってもらえる事務所にすること

――をテーマに掲げ頑張ります。

あとがき

改訂新版を出すにあたって、「あとがき」も新たに書き直そうと思いました。しかしいざ筆を執ってみると、3年前に綴ったときと同じ熱い思いが甦るばかりでした。あえて前著の「あとがき」をここに記し、私の「思いの丈」をお伝えさせていただきます。

＊

この本をお読みいただきまして、ありがとうございました。あなたとの出会いに感謝致します。ここまでは、「お金に関する話」が、本の大半を占めていました。最後に、「思いの丈」を述べます……。

私は、いつも、〈二つのかんじょう〉ということを、念頭に置きながら、経営に取り組んでいます。一つ目の〈かんじょう〉は、「勘定」の「かんじょう」。つまり、「お金」に関することです。二つ目の〈かんじょう〉は、「感情」の「かんじょう」。言い換えると、「思いやり」になるのでしょうか。

どれほど美談に満ちたビジネスであったとしても、「お金」＝採算が合わなければ、取り組むべきではありません。その一方で、「金の亡者」になって、「思いやり」を失ってしまったら、人と人との信頼関係は生まれません。常々、「経営の妙味とは、『勘定』と『感情』とのバランスを取っていくことにある」と、私は考えています。

「勘定」については、井原西鶴が言うところの、「才覚（才能）・算用・（そろばん勘定）・始末（最後まで粘り強くやり抜く）」の〈3原則〉に加えて、現代においては、「情熱・ハート（感じよさ）」と「情報選択（スピード感）」の〈5原則〉が必要になるでしょう。それに、「記憶力」と「注意力」が加わると、鬼に金棒です。

一方、「感情」について述べると、マザー・テレサには、こんなエピソードがあります。

ある人が、インドのスラム街で死期を目前にした方へのケアをしているマザー・テレサに対して、「もうすぐ、その人が亡くなることが、あなたにも分かっているはずなのに、なぜ、そこまで、手厚いケアをするのですか？」と、尋ねたそうです。すると、マザー・テレサは、「その人が亡くなっていくときに、『自分の人生は、これで、よかったんだと思ってくれたら、それでいいんです。そのために、ケアをしているんです」と、答えたそうです。

私のような凡人には、なかなかマザー・テレサのような崇高な精神を持ち合わせることはできません。けれども、今の私には、「死期を目前とした方だけでなく、すべてのお客様に対して、『自分の人生は、これで、よかったんだ』と、思っていただけるような仕事をしていきたい」という切なる願いがあります。

そんなこともあって、私は、〈闘う税理士〉〈税理士大家〉の立場だけでなく、お付き合いをいただいたお客様、さらにこれからお付き合いいただくお客様との「運命共同体」づくりの一環として、「会計コンサルタント料金の補助」「家賃の補助」により、お客様の事業と生活の手助けをさせていただこうと思っています。そうすることが、鳥山会計と私をここまで育ててくださった、中小零細、個人のお客様へのご恩返しになると信じて実践したいと考えています。


本書でご紹介したエピソードは、すべて実話に基づいています。お客様のプライバシーや個人情報保護等の観点から、特定されることのないように、配慮をしておりますが、万一、不行き届きがあれば、平にご容赦くださいますよう、お願いを申し上げます。

私も、鳥山会計グループも、共に、「実るほど　頭を垂れる　稲穂かな」の謙虚さを忘れることなく、日々、プロフェッショナルとしてのスキルアップのために、精進することを誓います。そして、税理士としての「士」の精神↓サムライ・スピリットを忘れることなく、お客様のお悩みや苦しみが「問題解決」を迎えられる日まで、精一杯、尽力致します。

本書でもご紹介した、私のお客様に対するモットーである「運命共同体」の言葉を2つに分けると、「運命」＋「共同体」になります。

私はますます、「お客様の『命』↓『生・老・病・死』を、共に『運ぶ』↓『サポート』するための『共同体』づくりに精進します。「鳥山グループに相談したら、何でも『問題』を解決してくれるよ」と、お客様におっしゃっていただける会計グループにすることが、当面の目標です。一生つきあい、運命共同体の鳥山会計とそのグループの大ファンになっていただけますよう、今後とも、何卒よろしくお願い申し上げます。

２０１６年10月吉日

税理士法人鳥山会計代表　鳥山昌則

鳥山会計沿革

昭和	61年	3月	税理士登録（58285号）
			鳥山会計を栃木県大平町で開業（栃木税務署）
	62年	7月	事務所を埼玉県富士見市へ移転
平成	1年	10月	宅地建物業者登録（埼玉県知事免許14467号）
	4年	1月	事務所を埼玉県新座市北野へ移転
	6年	2月	事務所を埼玉県志木市本町6丁目12番12へ移転
	11年	4月	事務所を埼玉県志木市本町5丁目22番25へ移転
	14年	5月	事務所を埼玉県志木市本町4丁目14番2　鳥山ビルを取得、移転
	17年	7月	事業支援コンサル有限会社設立
	17年	12月	東京エネルギー企業組合設立（出資）
	21年	5月	株式会社サクセスクリエイト設立
	23年	2月	行政書士登録（第11130266号）
	23年	3月	S.T不動産株式会社が傘下に加わる
	23年	10月	株式会社ライフデザイン武蔵野が傘下に加わる
	24年	7月	埼玉県志木市本町5丁目23 - 11プラザ鳥山を取得
	24年	8月	むさしの相続相談室開設
	25年	2月	経営革新等支援機関に認定される
	25年	5月	プラザ鳥山にライフデザイン武蔵野移転。レンタルスペース・セミナールーム・貸事務所、プラザトリヤマ開設
	25年	11月	税理士法人鳥山会計設立
	26年	4月	池袋オフィス開設
	28年	10月	銀座サロン開設
	28年	10月	30周年パーティー開催

税理士法人鳥山会計

●志木オフィス

〒353-0004　埼玉県志木市本町 4-14-2 鳥山ビル
Tel.048-476-8586（代）　Fax.048-476-8587
フリーダイヤル　0120-988-967
営業時間：月～土 9:00 ～ 20：00
　　　　　日　　9:00 ～ 18：00
　　　　　祭日、お盆と年末年始休
e-mail : toriyama @ toriyama-k.jp
HP : http://www.toriyama-k.jp/

●銀座サロン

104-0061　東京都中央区銀座 4-12-1
銀座とりやまビル５Ｆ
Tel 03-6228-4580　Fax 03-6228-4508
営業時間：9：00 ～ 18：00
　　　　　祭日・お盆と年末年始休

●池袋オフィス

〒171-0014　東京都豊島区池袋 2-65-6
慶愛鳥山ビル
TEL.03-6912-8828（代）　FAX.03-6914-3428
フリーダイヤル　0120-954-987
営業時間：9：00 ～ 18：00（無休）

グループ会社

●東京エネルギー企業組合　太陽光発電システムの営業・設置
〒 353-0004　埼玉県志木市本町 4-14-2 鳥山ビル
Tel 048-486-6340　Fax 048-486-6341

●株式会社サクセスクリエイト　不動産売買・仲介・相続コンサルタント
〒 104-0061　東京都中央区銀座 4-12-1　銀座とりやまビル 5 F
Tel 03-6228-4502　Fax 03-6228-4508
営業時間：9：00 ～ 17：00（土日祭、お盆と年末年始休）
e-mail：fujii @ aoss.jp
HP：http://www.aoss.jp/

● S.T 不動産株式会社　建売住宅販売施工・不動産売買仲介・リフォーム全般
〒 353-0004　埼玉県志木市本町 4-17-48
Tel 048-423-0446　Fax 048-423-0448
営業時間：9：30 ～ 18：30（水曜定休、お盆と年末年始休）
HP：http://www.athome.co.jp/msk/st-fudousan.html

●株式会社ライフデザイン武蔵野　不動産売買・賃貸仲介・管理
〒 353-0004　埼玉県志木市本町 5-23-11　プラザ鳥山 2 F
Tel 048-485-5000　Fax 048-485-5001
営業時間：9：30 ～ 18：00（水曜定休、お盆と年末年始休））
e-mail：info @ ljfedesign-m.com
HP：http://www.lifedesign-m.com/

●事業支援コンサル有限会社　コンサルティング・不動産管理
〒 352-0011　埼玉県新座市野火止 8-15-6　ローズガーデン壱番館 307
Tel 048-483-0230　Fax 050-1513-7930

●むさしの相続相談室　相続に関するご相談・相続税の申告
〒 353-0004　埼玉県志木市本町 4-14-2　税理士法人鳥山会計内
Tel 048-476-8586　Fax 048-476-8587

●プラザトリヤマ　レンタルスペース・セミナールーム・貸事務所
〒 353-0004　埼玉県志木市本町 5-23-11　プラザ鳥山 2 F
お問い合わせは、株式会社ライフデザイン武蔵野（048-485-5000）へ

●合同会社鳥山不動産管理　不動産活用・売買・管理・修繕工事
〒 353-0004　埼玉県志木市本町 4-14-2　鳥山ビル
Tel 048-473-6591　Fax 048-476-8537
営業時間：9：00 ～ 18：00（日祭・お盆と年末年始休）
e-mail：yamashita @ toriyama-k.jp
HP：http://www.toriyama-hudousankanri.jp/

マル秘《ひ》・実録《じつろく》　税務署《ぜいむしょ》との交渉術《こうしょうじゅつ》

2016年 11月15日　初版第1刷

著　者 ―――――――― 鳥山昌則《とりやままさのり》
発行者 ―――――――― 坂本桂一
発行所 ―――――――― 現代書林
〒162-0053　東京都新宿区原町3-61　桂ビル
TEL／代表　03(3205)8384
振替00140-7-42905
http://www.gendaishorin.co.jp/

ブックデザイン ―――― 吉崎広明（ベルソグラフィック）
イラスト ――――――― PIXTA

印刷・製本　㈱シナノパブリッシングプレス
乱丁・落丁本はお取り替えいたします。

定価はカバーに
表示してあります。

ISBN978-4-7745-1600-4 C0034